VAMBA

Dal giornalino di Gian Burrasca...

Collana di narrativa per ragazzi diretta da **Rosa Dattolico**

Dal giornalino di Gian Burrasca...

A cura di: Daniela Folco
Illustrazioni: Marina Maselli
Copertina: Giovanni Bellezza

Responsabile editoriale: Roberto Capobianco
Ideazione grafica, impaginazione e redazione: Studio X Design S.r.l.
Prestampa e stampa: Arti Grafiche Italo Cernia

ARDEA EDITRICE

Via Capri, 67 • 80026 Casoria (Napoli)
Tel. +39 081 7599674 • Fax. +39 081 2509571
E-mail: ardeaeditrice@tin.it

Ristampa	2011	2012	2013	2014	2015
	1	2	3	4	5

AZIENDA CON SISTEMA DI GESTIONE
PER LA QUALITÀ CERTIFICATO DA DNV
= UNI EN ISO 9001:2008 =

Indice

A tutti i ragazzini per scoprire con il simpatico Gian Burrasca il loro mondo che gli adulti molte volte ignorano.
"Spesso i piccoli di fronte ai grandi hanno sempre torto, specie quando spiattellano la verità".

Birichinate in famiglia e da zia Bettina

20 settembre

Ecco fatto. Ho voluto ricopiare qui, in questo mio giornalino, il foglietto del calendario d'oggi, che segna l'entrata delle truppe italiane in Roma e che è anche il giorno in cui son nato io, come ci ho scritto sotto, perché gli amici che vengono in casa si ricordino di farmi il regalo.

Ecco, intanto, la nota dei regali avuti finora:

1°. Una bella pistola per tirare al bersaglio, che mi ha dato il babbo;

2°. Un vestito a quadrettini che mi ha dato mia sorella Ada, ma di questo non me ne importa nulla, perché non è un giocattolo;

3°. Una stupenda canna da pescare con la lenza e tutto l'occorrente e che si smonta e diventa un bastone, che mi ha dato mia sorella Virginia, e questo è il regalo che mi ci voleva, perché vado matto per la pesca;

4°. Un astuccio con tutto l'occorrente per scrivere, e con una magnifica matita rossa e blu, regalatami da mia sorella Luisa;

5°. Questo giornalino che mi ha regalato la mamma e che è il migliore di tutti.

Ah sì! La mia buona mamma me ne ha fatto uno proprio bello, dandomi questo giornalino perché ci scriva i miei pensieri e quello che mi succede. Che bel libro, con la rilegatura di tela verde e tutte le pagine bianche che non so davvero come farò a riempire! Ed era tanto che mi struggevo di avere un giornalino mio, dove scriverci le mie memorie, come quello che hanno le mie sorelle Ada, Luisa e Virginia che, tutte le sere prima d'andare a letto, coi capelli sulle spalle e mezze spogliate, stanno a scrivere delle ore intere.

Non so davvero dove trovino tante cose da scrivere, quelle ragazze!

Io, invece, non so più cosa dire; e, allora, come farò a riempire tutte le tue pagine bianche, mio caro giornalino? Mi aiuterò con la mia facilità di disegnare, e farò qui il mio ritratto come sono ora all'età di nove anni finiti.

Però, in un giornalino bello come questo, bisognerebbe metterci dei pensieri, delle riflessioni...

Mi viene un'idea! Se ricopiassi qui un po' del giornalino di Ada, che giusto è fuori insieme alla mamma a far delle visite?

Ecco qui: sono andato su in camera sua, ho aperto il cassetto della scrivania, ho preso il suo diario, e ora posso copiare in pace.

"Oh se quel vecchiaccio del Capitani non tornasse più! E, invece, è venuto anche stasera. È impossibile! Non mi piace! Non mi piace, e non mi piacerà mai, mai, mai... La mamma ha detto che è molto ricco; e che se mi chiedesse in moglie, dovrei sposarlo. Non è una crudeltà, questa? Povero cuore mio! Perché ti torturano così?! Egli ha certe mani grandi e rosse, e col babbo non sa parlare d'altro che di vino e di olio, di campi, di contadini e di bestie; e, se lo avessi visto, almeno una volta, vestito a modo... Oh, se questa storia finisse! Se non tornasse più! Mi metterei l'anima in pace... Ieri sera, mentre l'accompagnavo all'uscio, ed eravamo soli nell'ingresso, voleva baciarmi la mano, ma io fui pronta a scappare, e rimase con un palmo di naso... Ah no! Io amo il mio caro Alberto De Renzis. Che peccato che Alberto non sia altro che un misero impiegatuccio... Mi fa continuamente delle scenate, e io non ne posso più! Che delusione! Che delusione è la vita... Mi sento proprio infelice!!!".

E ora basta, perché ho riempito due pagine.

Ti riapro prima d'andare a letto, giornalino mio, perché stasera m'è successo un affare serio.

Verso le otto, come al solito, è venuto il signor Adolfo Capitani. È un coso vecchio, brutto, grosso grosso e rosso... Le mie sorelle hanno proprio ragione di prenderlo in giro!

Dunque, ero in salotto col mio giornalino in mano, quando a un tratto lui mi dice con quella sua vociaccia di gatto scor-

ticato: – Cosa legge di bello il nostro Giannino?

Io, naturalmente, gli ho dato subito il mio diario, e lui si è messo a leggerlo forte, davanti a tutti.

Da principio la mamma e le mie sorelle ridevano come matte. Ma, appena ha incominciato a leggere il pezzo che ho copiato dal giornalino di Ada, questa si è messa a urlare e faceva di tutto per strappargielo di mano ma lui, duro, ha voluto arrivare fino in fondo. Poi, serio serio mi ha detto:

– Perché hai scritto tutte queste sciocchezze?

Io gli ho risposto che non potevano essere sciocchezze, perché le aveva scritte nel suo diario Ada, che è la mia sorella maggiore, e perciò ha più giudizio di me e sa quello che dice.

Appena detto questo, il signor Capitani si è alzato serio serio, ha preso il cappello e se n'è andato via senza salutare nessuno.

Bella educazione!

E allora la mamma, invece di pigliarsela con lui, se l'è presa con me, gridando e minacciando, e quella stupida di Ada si è messa a piangere come una fontana!

Andate a far del bene alle sorelle maggiori!

Basta! Sarà meglio andare a letto. Ma intanto son contento perché ho potuto riempire tre pagine zeppe del mio caro giornalino!

21 settembre

Son proprio nato disgraziato!

In casa non mi possono più soffrire, e tutti non fanno altro che dire che per colpa mia è andato all'aria un matrimonio che, per i tempi che corrono, era una gran fortuna; che un marito come il signor Capitani, con ventimila lire di rendita, non si trova tutti i giorni; che Ada sarà condannata a restare zitella tutta la vita come la zia Bettina, e via e dalli, una quantità di storie che non finiscono mai.

Vorrei sapere che gran male ho fatto, alla fin fine, per aver copiato un pensiero dallo scartafaccio di mia sorella!

Oh! Ma da ora in avanti, o bene o male, giuro che il giornalino lo scriverò tutto da me, perché queste scempiaggini delle mie sorelle mi danno ai nervi.

Dopo il fatto di ieri sera, pareva che stamani fosse successa a casa una gran disgrazia. Era già sonato da un bel pezzo mezzogiorno, e non c'era nemmeno l'idea di mettersi a tavola a far colazione come gli altri giorni.

Io non ne potevo più dalla fame; zitto zitto, sono andato in sala da pranzo, ho preso dalla credenza tre panini, un bel grappolo d'uva, un'infinità di fichi e, con la lenza sotto il braccio, mi sono avviato verso il fiume per mangiare in pace. Dopo mi son messo a pescare, e non pensavo che ad acchiappare i pesciolini, quando, a un tratto, ho sentito dare uno strattone alla canna che reggevo in mano; forse mi sarò proteso un po'

troppo in avanti, perché... giù, punfete! Sono cascato nell'acqua! Pare incredibile: ma in quel momento non ho potuto fare a meno di pensare fra me e me: "Ecco, i miei genitori e le mie sorelle saranno contenti ora di non avermi più tra i piedi! Ora non diranno più che son la rovina della casa! Non mi chiameranno più Gian Burrasca, un soprannome che mi fa tanta rabbia!".

Affondavo giù giù nell'acqua, e non capivo più nulla, quando mi son sentito tirar su da due braccia d'acciaio. Ho respirato a pieni polmoni l'aria fresca di settembre, e subito, sentendomi meglio, ho domandato al barcaiolo che mi teneva in braccio se aveva pensato di mettere in salvo anche la mia povera lenza!

Non so perché la mamma abbia pianto tanto, quando Gigi mi ha riportato a casa tutto fradicio. Io stavo benissimo e glielo dicevo, ma le mie parole erano dette al vento, perché le lacrime della mamma pareva non finissero mai. Come ero contento di essere cascato nel fiume, e di avere corso il rischio di affogare! Se no, non avrei avuto tante attenzioni, né tutte quelle moine.

Luisa mi ha messo subito a letto; Ada mi ha portato una tazza di brodo bollente; e tutti, anche i domestici, sono stati intorno a me, fino all'ora di cena. Poi, lasciandomi così infagottato nelle coperte, tanto da farmi davvero morire soffocato, sono andati giù, raccomandandomi di star buono e di non muovermi.

Ma era possibile questo, per un ragazzo della mia età? Che cosa ho fatto appena son rimasto solo? Mi sono levato, ho tirato fuori dall'armadio il mio vestitino buono a quadrettini, mi son vestito e, scendendo pian piano le scale per non farmi sentire, sono andato a nascondermi sotto la tenda della finestra, in salotto. Se mi avessero scoperto, quante sgridate avrei avuto! Non so come, ma mi sono addormentato quasi subito, forse avevo sonno, o ero stanco. Il fatto è che, dopo una buona dormita, ho aperto gli occhi; e da una fessura della tenda ho visto Luisa seduta sul sofà, accanto al dottor Collalto. Chiacchieravano a voce bassa. Virginia strimpellava il piano, in un angolo della stanza. Ada non c'era: era andata certo a letto, perché sapeva che il Capitani non sarebbe arrivato.

– Ci vorrà almeno un anno – diceva lui. – Il dottor Baldi, sai, comincia a diventar vecchio, e mi ha promesso di prendermi come suo aiuto. Ti spiace di aspettare, amor mio?

– Oh, no! E a te? – ha risposto Luisa, e tutt'e due si son messi a ridere.

– Ma non lo dire ancora a nessuno – ha continuato lui. – Prima di dichiararci fidanzati in pubblico, voglio avere una posizione sicura...

– Oh, ti pare? Sarebbe una sciocchezza...

Mia sorella aveva appena finito di dire così, che si alzò a un tratto, attraversò il salotto e si mise a sedere lontana dal dottor Collalto. In quel momento, appunto, entravano nella stanza le Mannelli.

Tutti non facevano che domandare con grande interesse come stava il povero Giannino, quando la mamma si precipita in salotto, con un viso bianco da far paura, urlando che ero scappato dal letto, che mi aveva cercato dappertutto, ma che non mi aveva potuto trovare. Allora, perché non si affannasse di più, che cosa faccio io? Esco dal nascondiglio, cacciando

un grande urlo.

Che paura hanno avuto tutti!

– Giannino, Giannino! – si lamentava la mamma piangendo, – Mi farai ammalare...

– Come! Sei stato tutto questo tempo dietro la tenda? – mi ha domandato Luisa, facendosi di mille colori.

– Certo. Mi predicate sempre di dire la verità; e, allora, perché non dite alle vostre amiche che siete promessi sposi? – ho risposto, rivolgendomi a lei e al dottore.

Mia sorella mi ha preso per un braccio, trascinandomi fuori della stanza.

– Lasciami! Lasciami! – gridavo. – Vado da solo. Perché ti

sei alzata quando hai sentito toccare il campanello? Collalto... – ma non ho potuto finire la frase, perché Luisa mi ha tappato la bocca, sbatacchiando l'uscio.

– Avrei una gran voglia di bastonarti – e cominciava a piangere. – Collalto non te la perdonerà più – e singhiozzava, singhiozzava, poverina, come se avesse perso il più gran tesoro del mondo.

– Smettila di piangere, sorellina mia – le dicevo. – Ti pare che sarei venuto fuori dalla tenda senza dir nulla, se sapevo che il dottore è tanto pauroso?

In quel momento, è venuta la mamma che mi ha riportato a letto, raccomandando a Caterina di non lasciarmi finché non mi fossi addormentato. Ma come avrei potuto dormire, giornalino mio caro, senza prima confidarti tutte le peripezie della giornata? Caterina non ne può più dal sonno e, ogni volta che sbadiglia, pare che la testa le debba cascare giù dal collo.

Addio, giornalino, addio per stasera.

6 ottobre

Sono due settimane che non ho più scritto una parola nel mio diario, perché mi sono ammalato da quel giorno famoso in cui poco ci mancò che non affogassi.

Collalto è venuto su a vedermi due volte al giorno; ed è stato così buono con me, che quasi quasi sento rimorso di averlo fatto spaventare quella sera. Quanto tempo mi ci vorrà per guarire? Stamani sentivo Ada e Virginia che parlavano insieme nel corridoio: com'è naturale, mi sono messo ad ascoltare quello che dicevano. Pare che ci sarà, nientemeno, che una festa da ballo in casa nostra.

7 ottobre

Finalmente, stamani ho avuto il permesso di alzarmi... Ma era possibile che un ragazzo come me potesse star fermo su una poltrona, con una coperta di lana sulle gambe? C'era da morire di noia; così, mentre Caterina era andata giù un mo-

mento a prendermi un bicchiere di acqua e zucchero, lesto lesto, butto via ogni cosa, e me ne vado in camera di Luisa a guardare tutte quelle fotografie che tiene dentro il cassetto della scrivania. Le mie sorelle erano in salotto con un'amica, la signorina Rossi. Caterina, appena tornata col bicchiere, mi cerca dappertutto, inutilmente... Sfido!... Mi ero nascosto dentro l'armadio...

Che risate matte mi son fatto, con quei ritratti! Su uno c'era scritto: *Un vero imbecille!* Su un altro: *Oh, carino davvero!* Su un altro: *Mi ha chiesto, ma... fossi scema!* E in altri: *Simpaticone!!!... Che bocca!...* In uno, poi, c'era scritto: *Ritratto di un ciuco!*

In tutti c'era una frase di questo genere. Io mi sono impossessato di circa una dozzina di fotografie delle persone che conosco, per fare qualche burletta innocente, appena uscirò di casa; poi, ho richiuso per benino il cassetto, in modo che Luisa non si accorgerà di nulla...

8 ottobre

Ah, come mi son divertito oggi ad andare a trovare tutti gli originali delle fotografie che ho preso ieri alle mie sorelle!

Ho cominciato da Carlo Nelli, il padrone di quel bel negozio di mode che è nel Corso e che va vestito sempre tutto elegante, e che cammina in punta di piedi perché ha le scarpe troppo strette. Appena mi ha visto entrare, mi ha detto: – Oh, Giannino, sei guarito bene? Io gli ho detto di sì, e poi ho risposto per bene a tutte le domande che mi faceva; e lui mi ha regalato una bella cravatta rossa.

L'ho ringraziato come era mio dovere e, siccome ha cominciato a rivolgermi delle domande sulle mie sorelle, io ho creduto bene che quello fosse il momento buono per tirar fuori la fotografia. Sotto c'era scritto a penna: *Vecchio gommeux*, ma non so che cosa volesse dire. Di più, gli erano stati allungati i baffi e allargata la bocca fino alle orecchie.

Lui, nel vedere il suo ritratto ridotto in quel modo, è diventato rosso come un peperone e ha detto subito: – Ah! sei stato tu, eh, brutto birbante?

Gli ho risposto di no, che avevo trovato la fotografia così conciata in camera delle mie sorelle, e sono scappato via perché aveva un viso da far paura; e, poi, non volevo più perder tempo con lui a dargli ancora spiegazioni, avendo da distribuire le altre fotografie.

Infatti, sono andato subito in farmacia da Pietrino Masi.

Come è brutto, povero Pietrino, con quei capellacci rossi e con quella faccia gialla tutta butterata! Ma lui non se lo immagina nemmeno quanto sia orrendo...

– Buon giorno, Pietro – gli ho detto.

– O Giannino! – mi ha risposto – E a casa stanno tutti bene?

– Sì, e tanti saluti da tutti.

Lui, allora, ha tirato giù dallo scaffale un bel barattolo di vetro bianco e mi ha detto: – Ti piacciono le pasticche di menta?

E, senza aspettare che gli rispondessi, me ne ha date una

manciata di tutti i colori.

È proprio vero che i ragazzi, che hanno la fortuna d'avere

delle sorelle simpatiche, ricevono sempre mille attenzioni dai giovanotti! Ho preso tutte le pasticche, poi ho tirato fuori la fotografia e, facendogli l'occhio dolce, gli ho detto: – Guarda qui: l'ho trovata in casa stamani.

– Fammi vedere! – E Pietrino Masi ha steso la mano, ma io non gli volevo dare il ritratto a nessun costo; però lui me l'ha preso per forza, e così ha potuto leggere quel che c'era scritto dietro con la matita blu: *Ha chiesto la mia mano, ma fossi scema!*

Pietrino è diventato bianco come questo foglio e, lì per lì, credevo perfino che svenisse. Ma, invece, ha detto digrignando i denti: – È una vergogna che le tue sorelle piglino così in giro le persone perbene, hai capito?

Benché avessi capito benissimo, lui, per spiegarmelo meglio, ha alzato una gamba per appiccicarmi un calcio, ma io con un balzo ho infilato svelto svelto la porta, e son riuscito anche a pigliare un'altra manciata di pasticche di menta, che erano rimaste sparse sul banco. E sono andato da Ugo Bellini.

Ugo Bellini è un avvocato giovanissimo: avrà ventitré anni, e sta nello studio insieme al suo babbo, che è avvocato anche lui, ma di quelli bravi, in Via Vittorio Emanuele, al numero 18. Ugo, a vederlo camminare, par che sia chi sa chi; va via tutto impettito, col naso per aria e, quando parla, ha una voce da basso profondo, che pare se la faccia venir su dalla suola delle scarpe.

È proprio buffo, e le mie sorelle hanno ragione; ma io, nel presentarmi a lui, avevo un po' di tremarella, perché è un tipo cui non piacciono gli scherzi.

Mi sono affacciato all'uscio, e gli ho detto:

– Scusi, sta qui *Barbablù?*

– Ma che hai? – ha risposto.

– Ecco, ho qui una fotografia per lui!

E gli ho consegnato il suo ritratto sotto il quale era scritto: *Pare Barbablù! Come è buffo!*

Ugo Bellini l'ha preso, e io via, di corsa! Gli deve aver fatto un grande effetto perché, mentre scendevo le scale, l'ho sentito urlare col suo vocione terribile:

– Maleducate! Pettegole! Sguaiate!

Ah! Ma se continuassi a scrivere tutte le scene di stamani, stasera non andrei più a letto!

Che facce spaurite mostravano tutti quei giovanotti, appena avevano sott'occhio la loro fotografia, mentre io, invece, mi sentivo scoppiar dal ridere, vedendo tutte le smorfie che facevano!

Ma quello che mi ha fatto ridere più di tutti è stato Gino Viani quando gli ho dato la sua fotografia, dove in fondo era scritto: *Ritratto d'un ciuco*. Poveretto! Gli son venute le lacrime agli occhi e ha detto con un filo di voce:

– La mia vita è spezzata!

Ma non era vero niente, perché, se gli si fosse spezzata la vita, non avrebbe potuto camminare in su e in giù per la stanza come faceva, borbottando una quantità di parole senza senso.

12 ottobre

Mio caro giornalino, ho tanto bisogno di sfogarmi con te!

Pare impossibile, ma è proprio vero che i ragazzi non vengono al mondo che per fare dei malanni, e sarebbe bene che non ne nascesse più nessuno, così i loro genitori sarebbero contenti!

Quante cose mi son successe ieri; e ne avrei tante da confidarti, giornalino mio! Ma, appunto perché ne ho avute tante, non mi è stato possibile scriverle!

Ah sì, quante ne ho avute ieri!... E anche ora faccio fatica a muovermi e non posso star neppure a sedere a causa di tutte quelle cose che ho detto e che mi ci hanno lasciato, con rispetto parlando, certi vesciconi alti un dito.

Ma ho giurato, oggi, di descrivere il fatto come è andato e, benché soffra tanto a stare seduto, voglio confidare qui tutte le mie sventure... Ah, giornalino mio, quanto soffro, quanto soffro! E sempre per la verità e la giustizia!

Ti dissi già l'altro giorno che le mie sorelle avevano avuto dalla mamma il permesso di dare una festa da ballo in casa nostra; e non ti so dire come erano tutte eccitate da questo pensiero. Andavano e venivano per le stanze, bisbigliavano tra loro, sempre tutte affaccendate...

Non si pensava, né si parlava d'altro.

Ieri l'altro, dopo colazione, si erano riunite in salotto a far la nota degli invitati, e parevano tutte al colmo della contentezza. A un tratto, eccoti una grande scampanellata, e le mie sorelle, sospendendo la nota degli invitati, si mettono a cinguettare:

– Chi sarà a quest'ora?

– E che scampanellata!

– Non può esser che un contadino!

– Certo, una persona senza educazione...

In quel momento, compare la Caterina sulla porta, esclamando: – Ah, signorine, che sorpresa!

E dietro di lei, eccoti la zia Bettina! Proprio la zia Bettina in pelle e ossa, la zia Bettina che sta in campagna e che viene a trovarci due volte l'anno.

Le ragazze dissero con un filo di voce: – Uh, che bella sorpresa!

Ma diventarono livide dalla bile e, con la scusa di andare a farle preparare la camera, piantarono la zia con la mamma e si rifugiarono nella stanza da lavoro. Io le seguii per godermi la scena.

– Ah, brutta vecchiaccia! – disse Ada con gli occhi pieni di lacrime.

– E figuriamoci se non si fermerà! – esclamò Virginia con aria ironica. – E come sarà contenta, anzi, di aver l'occasione della festa da ballo per mettersi il vestito di seta verde e i guanti gialli di cotone e la cuffietta lilla in capo!

– Ci farà fare una figuraccia! – aggiunse Luisa disperata. – Ah, è impossibile, ecco! Mi vergogno di presentare una zia così ridicola!

La zia Bettina è ricca, straricca, ma è così antica, poveretta! Così antica che pare uscita dall'arca di Noè.

Con la differenza che gli animali dell'arca di Noè vennero fuori tutti a coppie, e la zia Bettina, invece, era venuta sola, perché non ha mai trovato un cane di marito!

Dunque, le mie sorelle non volevano che la zia rimanesse alla festa da ballo. E siamo giusti: non avevano forse ragione, povere ragazze? Dopo essersi tanto affaccendate perché la festa riuscisse bene, non era un vero peccato che quella vecchia ridicola venisse a compromettere l'esito della serata? Bisognava salvare la situazione. Bisognava che qualcuno si sacrificasse per la loro felicità. Ah! Non è forse una nobile azione per un ragazzo di cuore il sacrificio per la felicità delle sorelle?

Perciò, ieri l'altro, dopo pranzo, presi da parte la zia Betti-

na, e, col tono serio che meritava la circostanza, le dissi pigliandola alla larga: – Cara zia, vuol fare una cosa gradita alle sue nipoti?

– Che dici?

– Le dico questo: se lei vuol proprio far contente le sue nipoti, faccia il piacere di andarsene prima della festa da ballo. Capirà, lei è troppo vecchia, e poi si veste in modo troppo ridicolo per queste feste, ed è naturale che non ce la vogliono. Non dica che gliel'ho detto io, ma, dia retta a me, torni a casa sua lunedì, e le sue nipoti gliene saranno infinitamente grate.

Ora, domando io: doveva la zia inquietarsi, dopo che avevo parlato con tanta franchezza? E doveva, dopo che l'avevo pregata di non dir nulla a nessuno, andare a spifferare ogni cosa a tutti, giurando e spergiurando che la mattina dopo, appena alzata, sarebbe ripartita?

E la zia Bettina, infatti, è andata via ieri mattina, facendo il solenne giuramento di non metter mai più piede in casa nostra.

Ma questo non è tutto. Pare che il babbo le avesse chiesto in prestito una certa somma di danaro; e infatti lei gli ha rinfacciato il favore che gli aveva fatto, dicendo che era una vera vergogna dare le feste da ballo con i quattrini degli altri!

Che colpa ne avevo io, di questo?

Ma, al solito, la stizza di tutti si è riversata su un povero ragazzo di nove anni!

Non voglio avvilire queste pagine col raccontare quel che ho sofferto. Basti dire che ieri mattina, appena partita la zia Bettina, le persone, che più dovrebbero volermi bene in questo mondo, mi hanno calato i calzoncini, e giù, frustate senza pietà...

Ahi, ahi! Non posso più stare a sedere... E, oltre al dolore, c'è anche la preoccupazione per la festa da ballo. I preparativi son quasi finiti, e io non son proprio tranquillo per quell'affare delle fotografie...

Basta! Che Dio ce la mandi buona, giornalino mio.

15 ottobre

Siamo al famoso martedì, causa di tutte le agitazioni di questi giorni... Caterina mi ha messo il vestito nuovo e quella bella cravatta rossa tutta di seta, che mi ha regalato l'altro giorno Carlo Nelli, quello della fotografia dov'era scritto: *Vecchio gommeux*, che non so cosa voglia dire.

Le mie sorelle mi hanno fatto una predica lunga come una quaresima, con le solite raccomandazioni d'esser buono, di non far niente di male, di comportarmi educatamente con le persone che verranno in casa, e altre simili prediche che tutti i ragazzi sanno a memoria a forza di sentirsele ripetere a tutte l'ore e che si stanno a sentire proprio per dar prova della nostra condiscendenza verso i parenti più vecchi, pensando, invece, a tutt'altre cose.

Naturalmente, ho risposto sempre di sì, e allora ho avuto il permesso d'uscir di camera e girare per tutte le stanze del pian terreno.

Che bellezza! Tutto è pronto per la festa che comincerà fra poco. Mille fiammelle di luce elettrica risplendono qua e là, riflettendosi negli specchi, mentre fiori di ogni genere fan bella mostra dei loro vivaci colori ed espandono per le sale i loro delicati profumi.

Ma il più grato profumo è quello della crema alla cioccolata e alla vaniglia nelle grandi scodelle d'argento, e della gelatina gialla e rossa, che trema nei vassoi, e di quei monti di pasticcini e di biscotti d'ogni qualità che si innalzano in

sala da pranzo, sulla tavola ricoperta da una bella tovaglia ricamata.

Dovunque è un allegro scintillio di cristalli e d'argento...

Le mie sorelle sono bellissime, tutte vestite di bianco, scollate, con le gote rosse e gli occhi raggianti di felicità. Girano dappertutto per vedere se ogni cosa è in ordine, e accorrono a ricevere gli invitati.

Ho fretta d'andare a letto, ma prima voglio raccontar qui

come sono andate le cose.

Le ragazze erano molte, ma di uomini non c'erano che il dottor Collalto, il fidanzato di Luisa, e il pianista, che stava a sedere con le braccia incrociate, aspettando il segnale per eseguire il primo ballabile. L'orologio segnava le nove: il pianista ha incominciato a suonare una polca, ma le signorine continuavano a girar per la sala, chiacchierando tra loro.

Poi, il pianista ha suonato una mazurca, e due o tre ragazze si son decise a ballare fra loro, ma non si divertivano. E, intanto, l'orologio segnava già le nove e mezzo.

Le mie povere sorelle non levavano gli occhi dalle lancette che per rivolgerli all'uscio di ingresso; e avevano un'aria così desolata che facevano proprio compassione.

Anche la mamma era molto preoccupata, tant'è vero che mi son potuto ingoiare quattro gelati uno dietro l'altro, senza che neppure se n'accorgesse.

Come mi rimordeva la coscienza! Finalmente, quando mancavano pochi minuti alle dieci, si è sentita una scampanellata.

Questa suonata di campanello ha rallegrato le invitate più di tutte le sonate fatte fino allora sul pianoforte. Tutte le signorine hanno dato un gran respirone di sollievo, voltandosi verso la porta d'ingresso in attesa dei ballerini da tanto aspettati. Le mie sorelle si son precipitate per far gli onori di casa...

Ed ecco che, invece degli invitati, entra Caterina con una gran lettera e la porge all'Ada. Luisa e Virginia le si fanno attorno esclamando: – Qualcuno che si scusa di non poter venire!

Altro che scusa! Quella non era una lettera, né un biglietto: era una fotografia, che le mie sorelle conoscevano benissimo e che era stata per tanto tempo chiusa nella scrivania di Luisa.

Le mie sorelle son diventate di mille colori e, passata la prima impressione, son cominciate fra loro le domande: – Ma come mai? Ma come può essere? Ma com'è stato?

Di lì a poco, ecco un'altra scampanellata... Le invitate si voltano daccapo verso l'ingresso, aspettando sempre un ballerino e, come prima, si presenta, invece, Caterina con un'altra lettera che le mie sorelle aprono trepidanti: è ancora una delle fotografie da me recapitate l'altro giorno ai rispettivi

originali.

E, dopo cinque minuti, un'altra scampanellata e un'altra

fotografia.

Le mie povere sorelle erano diventate di mille colori; ero così mortificato nel pensare che io ero l'unica causa di questi loro dispiaceri che mi misi a mangiar panini rigonfi per distrarmi, ma non mi fu possibile perché il rimorso era troppo grande, e avrei pagato chi sa che per trovarmi non so dove, pur di non vedere le mie povere sorelle in quello stato.

Finalmente son venuti Ugo Fabiani ed Eugenio Tinti, che sono stati festeggiati più d'Orazio Coclite dopo la sua vittoria contro i Curiazi. Ma io ho capito perché il Fabiani e il Tinti non avevano fatto come gli altri invitati! Mi son ricordato che sul ritratto del Fabiani era scritto: *Che caro giovane!; e su quello del Tinti: Bello, bellissimo, troppo bello per questa terra!*

Ma, essendo in tre i ballerini, compreso il Collalto che balla come un orso, come potevano fare a contentare una ventina di signorine?

Le più maligne, come la Bice, ridevano tra loro nel vedere che la festa non era riuscita, e che le mie povere sorelle avevano quasi le lacrime agli occhi.

Una cosa molto riuscita, invece, sono stati i rinfreschi; ma, come ho detto prima, ero molto angustiato, sicché non ho potuto assaggiare che tre o quattro bibite, delle quali la migliore era quella di amarena, benché anche quella di ribes fosse eccellente.

Mentre stavo passeggiando per la sala, ho sentito Luisa che ha detto piano al dottor Collalto: – Dio mio! Se potessi saper chi è stato, come mi vorrei vendicare! È stato uno scherzo indegno! Domani, certo, saremo sulle bocche di tutti, e non ci potrà più soffrire nessuno! Ah, se potessi avere almeno la soddisfazione di sapere chi è stato!

In quel momento il Collalto si è fermato dinanzi a me e, guardandomi fisso, ha detto a mia sorella: – Forse Giannino te lo potrebbe dire; non è vero, Giannino?

– Di che? – ho risposto io, facendo finta di nulla. Ma mi sentivo il viso infuocato, e, poi, mi tremava la voce.

– Come di che? Chi ha preso, dunque, i ritratti dalla came-

ra di Luisa?

– Ah! – ho risposto io, non sapendo più cosa dire. – Forse sarà stato Morino...

– Come! – ha detto mia sorella fulminandomi con gli occhi. – Il gatto?

– Già. L'altra settimana gli detti due o tre fotografie perché si divertisse a masticarle e può essere che lui le abbia portate fuori e le abbia lasciate per strada...

– Ah, dunque, le hai prese tu! – ha esclamato Luisa, rossa come la brace, e con gli occhi che le uscivano dalla testa.

Pareva mi volesse mangiare. Ho avuto una paura terribile e, perciò, dopo essermi riempite le tasche di torrone, sono scappato su in camera.

Assolutamente non voglio essere ancora sveglio quando gl'invitati se ne andranno via. Ora mi spoglio e vado a letto.

16 ottobre

È appena giorno.

Ho preso una grande decisione e, prima di metterla in atto, voglio confidarla qui, nelle pagine di questo mio giornalino di memorie, dove registro le mie gioie e i miei dispiaceri che sono tanti, benché io sia un bambino di nove anni.

Stanotte, finita la festa, ho sentito un gran bisbigliare all'uscio di camera mia, ma ho fatto finta di dormire e non hanno avuto il coraggio di svegliarmi: ma stamani, quando si alzeranno, mi toccheranno certamente delle altre frustate, mentre non mi è ancora cessato il dolore di quell'altre che ebbi l'altro giorno dal babbo.

Con questo pensiero non ho potuto chiudere occhio tutta la notte.

Non c'è altro scampo, per me, che quello di scappar di casa prima che i miei genitori e le mie sorelle si sveglino.

Perciò, mi è venuta l'idea di scappare in campagna, dalla zia Bettina, dove sono stato un'altra volta. Il treno parte alle sei, e di qui alla stazione in mezz'ora ci si va benissimo.

Sono bell'e pronto per la fuga: ho fatto un involto, mettendovi due paia di calze e una camicia per cambiarmi... In casa tutto è silenzio; ora, scenderò piano piano le scale, e via in campagna, all'aria aperta...

Viva la libertà!

17 ottobre

La zia Bettina non s'è ancora alzata, approfitto di questo momento per registrare qui l'avventura accadutami ieri.

Ieri mattina, dunque, mentre tutti dormivano, fuggii da casa come avevo stabilito, dirigendomi verso la stazione. Avevo già disegnato nella mente il modo di effettuare il mio progetto che era quello di recarmi a casa della zia Bettina. Non avendo quattrini per prendere il treno e non conoscendo la strada provinciale per andarvi, mi proponevo di entrare nella stazione, aspettare il treno, col quale ero andato l'altra volta dalla zia, e dirigermi per la stessa strada, lungo la ferrovia, seguendo le rotaie, fino al paese in cui si trova la villa Elisabetta, dove sta appunto la zia. Così non c'era pericolo di sbagliare e, ricordandomi che ad andarci col treno ci si impiega tre ore o poco più, sapevo che ci sarei arrivato prima di sera.

Giunto, dunque, alla stazione, presi il biglietto d'ingresso ed entrai. Il treno arrivò poco dopo e, per evitare di esser visto da qualcuno che avrebbe potuto riconoscermi, mi diressi verso gli ultimi vagoni. Mi fermai dinanzi all'ultimo, un carro per bestiame, vuoto, e che aveva la garetta dove sta il frenatore vuota anch'essa.

"Se montassi lassù?"mi dissi. Fu un lampo. Assicuratomi con un'occhiata che nessuno badava a me, saltai sulla scaletta di ferro, mi arrampicai su, e mi misi seduto nella garetta, col ferro del freno tra le gambe e le braccia appoggiate sul manubrio.

Di lì a poco, il treno partì e io sentii arrivarmi fin dentro il cervello il fischio della locomotiva, la cui groppa nera vedevo, di lassù, alla testa di tutti i vagoni, tanto più che il vetro del finestrino della garetta da quella parte era rotto, e non ve n'era rimasto che un pezzetto, in un angolo, a punta.

Meglio! Da quel finestrino, aperto proprio all'altezza della mia testa, dominavo tutto il treno, che si slanciava attraverso la campagna, ancora avvolta nella nebbia. Ero felice e, per festeggiare in qualche modo la mia fortuna, cavai di tasca un pezzetto di torrone e mi misi a rosicchiarlo.

Ma la mia felicità durò poco. Il cielo s'era fatto scuro, e non tardò a venir giù una pioggia fitta fitta e ad alzarsi un vento impetuoso, mentre una scarica terribile di tuoni si inseguiva fra le ombre delle montagne...

Io non ho paura dei tuoni, tutt'altro; ma mi mettono addosso il nervoso e, perciò, appena incominciò a tuonare, mi si presentò alla mente la mia condizione in un quadro molto diverso da quello col quale mi era apparso da principio.

E il peggio fu quando incominciarono le gallerie!

Il fumo della locomotiva si addensava sotto la volta del tunnel, e dal finestrino rotto invadeva la mia angusta garetta, impedendomi il respiro. Mi pareva d'essere in un bagno turco, da cui, poi, quando il treno usciva dal tunnel, passavo al bagno freddo della

pioggia.

In un tunnel più lungo degli altri credetti di morire asfissiato. Il fumo caldo mi avvolgeva tutto, avevo gli occhi che mi bruciavano per la polvere di carbone che entrava col fumo nella garetta e che mi accecava. Per quanto mi facessi coraggio sentivo che ormai le forze erano per abbandonarmi.

Devo essere svenuto di certo, e credo che, se non avessi avuto il ferro del freno tra le gambe che mi reggeva, sarei caduto giù dalla garetta e morto stritolato sotto il treno.

Quando rientrai in me stesso, la pioggia gelata mi sferzava di nuovo la faccia. Mi prese un freddo così acuto nelle ossa, che incominciai a battere i denti.

Fortunatamente, di lì a poco il treno si fermò, e sentii gridare il nome del paese al quale ero diretto. Volevo scendere alla svelta giù per la scaletta di ferro, ma mi tremavano le gambe: all'ultimo scalino inciampai e caddi in ginocchio.

Subito arrivarono due facchini e un impiegato, che mi raccolsero. Guardandomi con tanto d'occhi, mi domandarono come mai mi trovavo lassù, sulla garetta.

Risposi che vi ero salito in quel momento, ma loro mi portarono nell'ufficio del capostazione, che mi mise davanti uno specchietto dicendomi:

– Ah, ci sei salito ora, eh? E questo muso da spazzacamino quando te lo sei fatto?

Io nel vedermi nello specchio, rimasi senza fiato. Non mi riconoscevo più. La polvere di carbone, col fumo, durante il mio disastroso viaggio, mi era penetrata nella pelle della faccia, alterando i miei connotati così che parevo un vero e proprio abissino. Non dico niente poi degli abiti, ridotti ad-

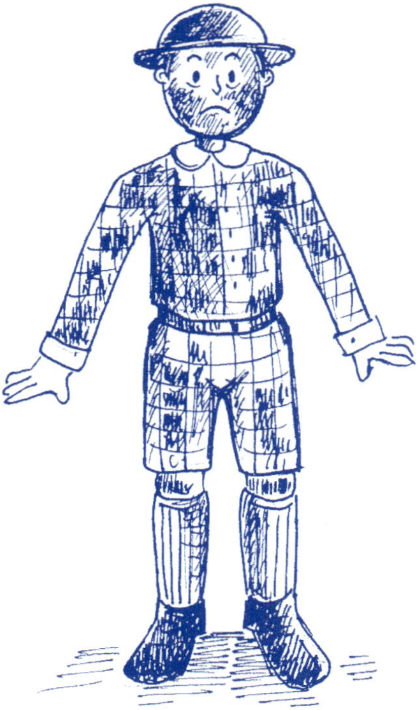

dirittura a brandelli, e sporchi anch'essi come la faccia.

Fui costretto a dire da dove venivo e dove andavo.

– Ah! – disse il capostazione. – Vai dalla signora Bettina Stoppani? Allora pagherà lei per te.

E ordinò all'impiegato:

– Faccia un verbale di contravvenzione, calcolandogli tre biglietti di terza classe e la trasgressione per aver viaggiato in una garetta riservata al personale!

Avrei voluto rispondere che questa era una ladroneria bella e buona. Come! Mentre le ferrovie avrebbero dovuto per giustizia risarcirmi in qualche modo, visto che mi ero adattato a viaggiare peggio delle bestie, che almeno viaggiano al coperto, mi si faceva invece pagare per tre?

Ma siccome mi sentivo male, mi limitai a commentare:

– Almeno, giacché il viaggiare nelle garetta costa così caro, procurino che ci siano i finestrini col vetro!

Non l'avessi mai detto! Il capostazione mandò subito un facchino a verificare la garetta dove avevo viaggiato e, saputo che non c'era il vetro, mi fece aumentare la contravvenzione di ottanta centesimi come se l'avessi rotto io!

Così, accompagnato dall'impiegato, mi avviai verso la *vil-*

la Elisabetta, e non vi so dire come rimase la zia Bettina quando si vide capitar dinanzi uno straccione così sudicio, e, peggio ancora, un conto da pagare di sedici lire e venti centesimi, e più la mancia all'impiegato che glielo portava!

– Che è accaduto, mio Dio? – ha gridato appena ha potuto capire dalla voce che ero io.

– Senti, zia Bettina, – le ho detto – a te, lo sai, dico sempre la verità...

– Bravo! Dimmi, dunque...

– Ecco: sono scappato di casa.

– Scappato di casa? Come! Hai abbandonato il tuo babbo, la tua mamma, le tue sor...

Ma si è interrotta all'improvviso, come se le fosse venuto male. Certo, si ricordava in quel momento che le mie sorelle non l'avevano voluta alla festa.

– È naturale! – ha aggiunto. – Quelle ragazze farebbero perder la pazienza a un Santo! Vieni in casa, figliolo mio, a lavarti che mi sembri uno spazzacamino; poi mi racconterai tutto...

Intanto, io guardavo Bianchino, il vecchio barboncino che è così caro alla zia Bettina, e alla finestra della villa il vaso di dìttamo, al quale è così pure affezionata. Nulla è cambiato dall'ultima volta che ci venni, e mi pare di non essermi mai mosso da qui.

Quando mi fui lavato, la zia Bettina si accorse che avevo un po' di febbre e mi mise a letto, benché tentassi di persuaderla che era tutta questione d'appetito.

La zia Bettina mi fece alcuni rimproveri, ma in fondo mi disse che stessi pur tranquillo, che da lei non correvo nessun pericolo; e io fui così commosso dalla sua bontà, che volli farle assaggiare un pezzetto di torrone che avevo nella tasca dei calzoni, e la pregai di prenderlo, ché così ne avrei mangiato un po' anch'io.

Difatti, la zia Bettina fece per metter la mano in tasca, ma non fu capace di aprirla.

– Ma qui c'è la colla! – disse.

Che era successo? Il torrone, col calore del fumo, si era sciolto e aveva appiccicato la tasca dei calzoni.

Basta: la zia mi fece compagnia, finché, alla fine, la stanchezza non mi fece prender sonno... e da allora mi sono svegliato in questo momento, e il primo pensiero è stato per te, giornalino mio, che mi hai seguito sempre, mio fido compagno, attraverso tanti dispiaceri, tante avventure e tanti pericoli...

Stamani, la zia Bettina s'è molto inquietata con me per uno scherzo innocente che, in fin dei conti, era stato ideato con l'intenzione di farle piacere.

Ho già detto che la zia è molto affezionata a una pianta di dìttamo che tiene sulla finestra di camera sua, a pianterreno, e che innaffia tutte le mattine appena si alza. Basta dire che ci discorre perfino insieme e gli dice:

– Eccomi, bello mio, ora ti do da bere! Bravo, mio caro, come sei cresciuto! – È una sua mania, e si sa che tutti i vecchi ne hanno qualcuna. Essendomi dunque alzato prima di lei, stamattina, sono uscito di casa, e guardando la pianta di dìttamo, m'è venuta l'idea di farla crescere artificialmente per far piacere alla zia, che ci mette tanta passione nel coltivarla.

Lesto lesto, ho preso il vaso e l'ho vuotato. Poi al fusto della pianta ho aggiunto, legandovelo bene bene con un pezzo di spago, un bastoncino dritto, sottile, ma resistente, che ho ficcato nel vaso vuoto, facendolo passare attraverso quel foro che è nel fondo di tutti i vasi, per farci scolar l'acqua quando si innaffiano.

Fatto questo, ho riempito il vaso con la terra che avevo tolto, in modo che la pianta non desse segno di essere stata toccata, e ho rimesso il vaso al suo posto, sul terrazzino della finestra.

Dopo neanche cinque minuti, eccoti la zia Bettina che apre la finestra e incomincia la sua scena patetica col dìttamo:

– Oh, mio caro, come stai? Oh, poveretto, guarda un po', hai una fogliolina rotta... sarà stato qualche gatto... qualche bestiaccia...

Io me ne stavo lì sotto, fermo, e non ne potevo più dal ridere.

– Aspetta, aspetta! – seguitò a dire zia Bettina. – Ora piglio le forbicine e ti levo la fogliolina troncata, se no secca... e ti fa male alla salute, sai, carino?

Ed è andata a prendere le forbicine. Io, allora, ho spinto un po' in su il bastoncino.

– Eccomi, bello mio! – ha detto la zia Bettina, tornando alla finestra. – Eccomi, caro!

Ma ha cambiato a un tratto il tono alla voce e ha esclamato: – Non sai che t'ho da dire? Che tu mi sembri cresciuto!

Io scoppiavo dal ridere, ma mi trattenevo, mentre la zia continuava a pulire il suo dìttamo con le forbicine e a discorrere: – Ma sì, che sei cresciuto... E sai che cos'è che ti fa crescere? È l'acqua fresca e limpida che ti do tutte le mattine... Ora, ora... bello mio, te ne do dell'altra, così crescerai di più...

Ed è andata a pigliar l'acqua. Io, intanto, ho spinto in su il bastoncino, e questa volta l'ho spinto parecchio, in modo che la pianticella doveva parere un alberello addirittura.

A questo punto ho sentito un urlo e un tonfo.

– Uh, il mio dìttamo!

E la zia, per la sorpresa e lo spavento di veder crescere la sua cara pianta a quel modo, proprio a vista d'occhio, s'era lasciata cascar di mano la brocca dell'acqua, che era andata in mille pezzi.

Poi sentii che borbottava queste parole: – Ma questo è un miracolo! Ferdinando mio, Ferdinando adorato, forse il tuo spirito è in questa cara pianta che mi regalasti per la mia festa?

Non capivo precisamente quel che voleva dire, ma sentivo che la sua voce tremava e, per farle più paura che mai, ho

spinto in su più che potevo il bastoncino. Ma, mentre la zia vedendo che il dìttamo continuava a crescere, non smetteva di urlare: – Ah! Oh! Oh! Uh!

Il bastoncino ha trovato un intoppo nella terra del vaso, e siccome io lo spingevo con forza, è successo che il vaso si è rovesciato fuor della finestra ed è caduto, rompendosi ai miei piedi.

Allora, ho alzato gli occhi e ho visto la zia affacciata con un viso che faceva paura.

– Ah, sei tu! – ha detto con voce stridula. Ed è sparita dalla finestra per riapparire subito sulla porta, armata di un bastone.

Io, naturalmente, me la son data a gambe per il podere, e poi son salito sopra un fico dove ho fatto una grande spanciata di fichi: ne ho mangiati così tanti che credevo di scoppiare.

Quando son ritornato alla villa, ho visto sulla solita finestra un vaso nuovo con la pianta di dìttamo e ho pensato che la zia, avendo rimediato al mal fatto, si fosse calmata. L'ho trovata in salotto che discorreva con il postino e, appena mi ha visto, mi ha detto con aria molto sostenuta, mostrandomi due buste: – Ecco qui due telegrammi di vostro padre. Uno è di ieri sera, e uno di stamani. Vostro padre è disperato non sapendo dove vi siete cacciato... Gli ho risposto che venga a prendervi col prossimo treno!

Io, quando il postino è andato via, ho tentato di calmarla, e le ho detto con la mia voce piagnucolosa, che di solito fa un grande effetto perché ci si sente il ragazzo che è pentito:

– Cara zia, le chiedo scusa di quel che ho fatto...

Ma lei ha risposto arrabbiata: – Vergognatevi!

– Però – ho continuato a dire con voce sempre più piagnucolosa – non sapevo che nel dìttamo ci fosse lo spirito di quel signor Ferdinando che diceva lei...

A queste parole la zia Bettina è cambiata di colpo. È diventata rossa come il tacchino della contadina, e ha detto balbettando: – Zitto, zitto! Mi prometti di non dir niente a nessuno di quel che è successo?

– Sì, glielo prometto...

– Ebbene, allora non ne parliamo più; e io cercherò di farti perdonare anche dal tuo babbo...

Il babbo arriverà di sicuro col treno delle tre: non essendovene altri né prima né dopo. E io sento una certa tremarella...

Sono qui, chiuso in sala, e sento di là nell'ingresso quella vociaccia stridula della zia Bettina che si sfoga contro di me con la moglie del contadino e ripete: – È un demonio! Finirà male!

E tutto questo perché? Per aver fatto baccano coi figliuoli del contadino, come fanno tutti i ragazzi di questo mondo, senza che nessuno ci trovi nulla da ridire. Ma, siccome io ho la disgrazia d'avere tutti parenti che non vogliono capire che i ragazzi hanno diritto di divertirsi anche loro, così mi tocca ora star qui chiuso e sentirmi dire che finirò male mentre, invece, io volevo che la zia Bettina finisse col pigliarci gusto anche lei al serraglio di bestie feroci, che m'era riuscito così bene.

L'idea m'è venuta perché una volta il babbo mi portò a vedere quello di Numa Hava, e da allora ci ho sempre ripensato, perché il sentire nell'ora del pasto tutti quegli urli dei leoni, delle tigri e di tanti altri animali, che girano qua e là nelle gabbie, soffiando e raspando, è una cosa che fa grande impressione e non si dimentica tanto facilmente. E, poi, ho sempre avuto molta passione per le scienze e a casa ho i *Mammiferi* illustrati del Figuier, li leggo sempre, guardando le figure, che mi son divertito tante volte a ricopiare.

Ieri, dunque, nel venire qui alla villa avevo visto nella fattoria che confina col podere della zia due operai che tingevano le persiane della casa del fattore di verde e le porte della stalla accanto di rosso; sicché stamani, dopo il fatto della pianta di dìttamo, appena mi è venuta l'idea del serraglio, mi son subito ricordato dei pentolini di tinta degli operai che avevo visto ieri alla fattoria, e ho detto fra me che avrebbero potuto far comodo, come difatti mi sono stati molto utili.

Prima di tutto mi son messo d'accordo con Angiolino, il figliuolo del contadino della zia, un ragazzo che ha quasi la mia età, ma che non ha mai visto nulla nella sua vita, sicché mi sta sempre a sentire a bocca aperta e m'ubbidisce in tutto e per tutto.

– Ti voglio far vedere qui sull'aia il serraglio di Numa Hava – gli ho detto. – Vedrai!

– Voglio vedere anch'io! – ha esclamato subito la Geppina, che è sua sorella

minore.

– Anch'io! – ha detto Pietrino, un bambino di due anni e mezzo, che non sa ancora camminare e che si trascina per terra con le mani e con le ginocchia.

Lì, nella casa del contadino, non c'erano che questi tre ragazzi perché i loro genitori e i fratelli maggiori erano tutti nel campo a lavorare.

– Va bene... – ho detto. – Ma bisognerebbe poter pigliare i pentolini delle tinte alla fattoria!

– Questo è il momento buono, – ha detto Angiolino – perché è l'ora che i verniciatori vanno al paese a far colazione.

E siamo andati tutt'e due alla fattoria. Non c'era nessuno. Da una parte, ai piedi di una scala, c'erano due pentolini pieni di tinta a olio: in uno la tinta rossa e nell'altro la tinta verde; e c'era anche un bel pennellone grosso come il mio pugno. Angiolino ha preso un pentolino; io ho preso l'altro e il pennello e via, siamo ritornati sull'aia di casa sua, dove

Pietrino e la Geppina ci aspettavano ansiosi.

– Cominceremo dal fare il leone – ho detto.

A questo scopo avevo portato con me dalla villa Bianchino, il vecchio barboncino della zia Bettina, al quale lei è così tanto affezionata. Gli ho attaccato al collare una fune e l'ho legato alla stanga del carro che era sull'aia, e, dato di piglio al pennellone, ho incominciato a tingerlo tutto di rosso.

– Veramente – ho detto a quei ragazzi, perché avessero un'idea precisa dell'animale che volevo fargli vedere, – il leone è arancione, ma siccome manca il giallo noi lo faremo rosso, che in fondo è quasi lo stesso.

In poco tempo Bianchino, interamente trasformato, non era più riconoscibile e, mentre si asciugava al sole, ho iniziato a preparare un'altra belva.

Poco distante da noi, c'era una pecorella che pascolava; l'ho legata alla stanga del carro, accanto al cane, e ho detto:
– Questa la trasformeremo in una bellissima tigre.

E, dopo aver mescolato in una catinella un po' di tinta rossa e un po' di tinta verde, le ho dipinto sul dorso tante ciambelline così che pareva proprio una tigre del Bengala come quella che avevo visto da Numa Hava, anche se, per quanto le avessi tinto anche il muso, non aveva quell'espressione feroce, che invece faceva una così bella impressione in quella vera.

A questo punto, ho sentito un grugnito, e ho domandato ad Angiolino: – Che ci avete anche un maiale?

– Sì, ma è un maialino piccolo: è qui nella stalla, guardi sor Giannino.

E ha tirato fuori, infatti, un porcellino grasso grasso, con la pelle color rosa che era una bellezza.

"Che se ne potrebbe fare?", ho domandato a me stesso.

Angiolino ha esclamato: – Perché non ci fa un leofante?

Io mi son messo a ridere.

– Vorrai dire un elefante! – gli ho risposto. – Ma sai che un elefante è grande come tutta questa casa? E poi con che gli si potrebbe far la proboscide?

A questa parola i figliuoli del contadino si son messi a ridere tutti e tre e alla fine Angiolino ha domandato: – Oh, che è questa cosa così buffa che ha detto lei, sor Giannino?

– È come un naso lungo lungo, quasi quanto la stanga di questo carro, e che serve all'elefante per pigliar la roba, per alzare i pesi e per annaffiare i ragazzi quando gli fanno i dispetti.

Che brutta cosa è l'ignoranza! Quei villanacci di ragazzi non mi hanno voluto credere, e si son messi a ridere più che mai.

Io, intanto, riflettevo per trovare il modo di utilizzare il maialino, che continuava a grugnire come un disperato. Alla

fine ho risolto il problema e ho gridato: – Sapete cosa farò? Trasformerò questo maialino in un coccodrillo!

Sul carro c'era una copertaccia da cavallo. L'ho presa e l'ho fermata da un lato, legandola con una fune intorno alla pancia del maialino; poi, risollevando tutta la parte di coperta che avanzava strascicando dietro, l'ho legata stretta stretta a uso salame, in modo che rappresentasse la lunga coda del coccodrillo. Fatto questo, ho tinto di verde tanto il maialino che la coperta, così che, a lavoro compiuto, l'illusione era perfetta.

Dopo aver legata anche questa belva alla stanga del carro, ho pensato di farne un'altra, servendomi dell'asino che ho preso nella stalla e che, essendo di color grigio, si è prestato benissimo a far da zebra. Infatti, è bastato che gli dipingessi sul corpo, sul muso e sulle gambe tante strisce, dopo aver mescolato daccapo il rosso col verde, per ottenere una zebra sorprendente, che ho legato con gli altri animali alla solita stanga.

Infine, siccome per rallegrare la scena mancava

la scimmia, con lo stesso colore ho tinto la faccia di Pietrino, che appunto stava berciando e sgambettando come una bertuccia, e servendomi d'uno straccio strettamente legato, gli ho anche fabbricato una splendida coda, che ho assicurato alla cintola del marmocchio, sotto la sottanina.

Poi, per rendere la cosa anche più naturale, ho pensato che vedere la scimmia sopra un albero avrebbe fatto un bellissi-

mo effetto e, perciò, aiutato da Angiolino, ho messo Pietrino su un ramo dell'albero che è accanto all'aia, assicurandolo con una fune perché non cascasse.

Così ho completato il mio serraglio e ho incominciato la spiegazione.

– Osservino, signori: questa bestia a quattro zampe con la groppa tutta rigata a strisce grigie e nere è la *Zebra*, un curioso animale fatto come un cavallo, ma che non è un cavallo; che morde e tira i calci come i ciuchi, ma che non è un ciuco; e che vive nelle pianure dell'Africa, cibandosi dei sedani enormi che nascono in quelle regioni, e scorrazzando qua e là a causa delle terribili mosche cavalline che in quei paesi caldi hanno le proporzioni dei nostri pipistrelli...

– Accidempoli! – ha detto Angiolino. – O che può essere?

– Può essere sicuro! – ho risposto io. – Ma tu devi stare zitto, perché, mentre si dà la spiegazione delle bestie feroci, è proibito al pubblico interrompere in quanto è pericoloso. Quest'altra belva, che è qui accanto, è la *Tigre del Bengala*, che abita in Asia, in Africa e in altri luoghi, dove fa strage degli uomini e anche delle scimmie...

A questo punto della mia spiegazione, Pietrino ha incominciato a piagnucolare sull'albero e, voltandomi in su, ho visto che la fune con la quale l'avevamo legato al ramo s'era allentata ed egli stava sospeso con gli occhi fuor della testa per la paura. In quella posizione pareva proprio una scimmia vera, quando sta attaccata agli alberi con la coda. Ho approfittato subito della circostanza per richiamar l'attenzione del pubblico su questa nuova bestia del mio serraglio.

– Hanno udito, signori e signore? Al solo nome della tigre, la *Scimmia* si è messa a stridere, e con ragione, perché è spesso vittima degli assalti di questo terribile animale. La scimmia che loro osservano lassù sull'albero è una di quelle che si chiamano volgarmente bertucce e che vivono abitualmente in cima agli alberi delle foreste vergini, dove si nutrono di bucce di cocomero, di torsoli di cavolo e di tutto quel che si trova a portata delle loro mani. Questi curiosi e intelligenti animali hanno il brutto vizio di scimmiottare tutto quel che vedono fare agli altri, e questo è appunto il motivo per cui i naturalisti hanno messo loro il nome di scimmie... Bertuccia, fate una riverenza a questi signori!

Ma Pietrino non ha voluto saperne di far la riverenza, e ha continuato a piagnucolare.

– Faresti meglio – gli ho detto – a soffiarti il naso... Ma, intanto, noi passeremo al *Leone*, a questo nobile e generoso animale, che ben a ragione è chiamato il re di tutte le bestie perché, col suo bel manto e la sua forza, impone soggezione a tutti quanti, essendo capace di mangiarsi anche una mandria di buoi in un boccone... È il carnivoro più carnivoro di tutti i carnivori, e quando ha fame non porta rispetto a nessuno, ma non è tanto feroce come altre belve che ammazzano la gente per puro divertimento; invece, è un animale di cuore, e si racconta anche nei libri che, una volta, trovandosi a Firenze di passaggio, e avendo incontrato per la strada un piccolo bambino che si chiamava Orlanduccio e che si era perso, lo prese delicatamente per la giacchetta e lo riportò pari pari alla mamma che, se non morì di paura e di consolazione, fu un vero miracolo.

Molte altre cose avrei potuto dire intorno al leone, ma, siccome Pietrino continuava a berciare sull'albero che pareva lo scannassero, mi sono affrettato a passare al *Coccodrillo*.

– Guardino, signori, questo terribile anfibio che può vivere tanto nell'acqua che sulla terra e che abita sulle sponde del Nilo dove dà la caccia agli uomini e agli animali facendoli sparire nell'enorme bocca come se fossero piccole pasticche di menta! Esso si chiama coccodrillo perché ha il corpo ricoperto di grosse squame dure come le noci di cocco fresco che si vendono nei bar, e con le quali si difende dai morsi delle altre bestie feroci, che si aggirano in quei paraggi...

Così dicendo, ho dato una buona dose di bacchettate sul groppone del maialino che ha incominciato a grugnire come un disperato, mentre il pubblico rideva a più non posso.

– La caccia al coccodrillo, signori e signore, è molto difficile, appunto, perché su quel groppone così duro le armi a punta come la sciabola e il coltello si spuntano, e le armi a fuoco sono inutili perché le palle rimbalzano e se ne vanno via. I coraggiosi cacciatori, però, hanno pensato un modo molto ingegnoso per pigliare i coccodrilli, servendosi di un ferro a due punte in mezzo al quale è legata una corda, che adoperano così...

E perché quei due poveri ignoranti capissero qualcosa, ho preso un pezzo di legno, poi col coltellino vi ho fatto le punte da tutt'e due le parti e vi ho legato uno spago nel mezzo: fatto questo, mi sono avvicinato al maialino, gli ho fatto aprire la bocca e vi ho introdotto dentro arditamente il pezzo di legno, continuando la mia spiegazione.

– Ecco qua: il cacciatore aspetta che il coccodrillo faccia uno sbadiglio, ciò che gli succede spesso, dovendo vivere sempre sulle sponde del Nilo dove anche una bestia finisce per annoiarsi, e, allora, ficca il suo dardo nell'enorme bocca dell'animale anfibio, che naturalmente si affretta a richiuderla. Ma cosa succede? Succede che chiudendo la bocca viene a infilarsi da se stesso le due punte del dardo nelle mascelle, come possono osservar lor signori...

Infatti il maialino, richiudendo la bocca, s'era bucato e mandava certi urli che arrivavano al cielo.

In quel momento, voltandomi, ho visto il babbo e la mamma d'Angiolino, che venivano giù dal campo trafelati. Il contadino gridava: – Oh, il mi' maialino!

E la contadina sporgeva le braccia verso quel moccioso di Pietrino, che continuava anche lui a piangere. La donna urlava: – Uh, povera la mi' creatura!

È inutile. I contadini sono ignoranti, e perciò in tutte le cose tendono sempre a esagerare. A vederli correre affannati e fuor della grazia di Dio, pareva che gli avessi ammazzato tutti i figliuoli e tutte le bestie, mentre avevo solo cercato di istruire quei villani, tentando di far entrare in quei cervellacci duri delle spiegazioni sulle cose che non avevano mai visto.

Ma, sapendo quanto sia difficile far entrare la ragione in quelle zucche, per non compromettermi ho sciolto alla svelta tutte le bestie feroci e, montato sul ciuco, gli ho dato un paio di legnate, e via a precipizio su per la strada maestra, con Bianchino dietro, che abbaiava a più non posso. Dopo aver girato un pezzo, finalmente sono arrivato alla villa. La zia Bettina è corsa sulla porta, e vedendomi sul ciuco ha esclamato: – Ah, che hai fatto?

Poi, vedendo Bianchino tutto tinto di rosso, ha dato un balzo indietro impaurita, come se fosse stato un leone davvero; ma l'ha riconosciuto subito e allora gli si è buttata addosso, tremando come una foglia e gemendo:

– Uh, Bianchino mio, Bianchino caro! Come ti hanno ridotto, vero, amor mio? Ah! È stato certo questo delinquente!

E si è rialzata tutta inviperita. Ma io ho fatto più presto di lei, e, buttandomi giù dal ciuco, son corso in questa stanza e mi ci son chiuso.

– Starai lì in prigione, finché non viene a ripigliarti tuo padre! – ha detto la zia Bettina e ha chiuso la porta a chiave.

Dopo poco ho sentito la contadina, che è venuta a far rapporto di tutto quel che ho fatto sull'aia, s'intende esagerando ogni cosa. Ha detto che il maiale sputa sangue; che Pietrino è in uno stato da far pietà, ecc. Basti dire che mi si ritiene responsabile anche di quel che non è successo; e, infatti, è la decima volta che quella noiosa ripete: – Ma ci pensa, lei, sora padrona, se il mi' Pierino cascava giù dall'albero?

Lasciamola dire: bisogna compatire le persone ignoranti, perché loro non ci hanno colpa. Tra pochi minuti arriverà il babbo e speriamo che sappia distinguere quel che è la verità...

17 ottobre

Eccomi a casa, nella mia cameretta, che ho rivisto tanto volentieri! È proprio vero quel che dice il proverbio:

Casa mia, casa mia,
Per piccina che tu sia,
Tu mi sembri una badia.

E ora bisogna che riprenda la narrazione dove l'ho lasciata ieri... Che giornata piena di avvenimenti!

Avevo appena smesso di scrivere, che arrivò alla villa il babbo. La zia Bettina aveva incominciato a raccontargli le mie prodezze, come le chiamava lei, s'intende esagerando ogni cosa e mettendo tutto in cattiva luce (ci vuol tanto poco a dipingere il fatto più innocente come un atroce delitto, quando si tratta di dare addosso a un povero ragazzo che non ha voce in capitolo!), ma io ho incominciato a tempestare l'uscio di pugni e di calci, urlando a squarciagola: – Apritemi! Voglio rivedere il mio babbo, io!

La zia Bettina mi ha aperto subito e io mi son buttato addosso al babbo, coprendomi il viso con le mani, perché in quel momento mi sentivo proprio commosso.

– Cattivo, – mi ha detto, – non puoi immaginare quanto ci hai fatto soffrire, tutti quanti!

– È un infame! – ha aggiunto la zia Bettina. – Vedete un po' come ha ridotto quel mio povero Bianchino!

– Toh! – ha esclamato il babbo guardando il cane tinto di rosso, e mettendosi a ridere. – Come è buffo!

– È stato lui! Ed è vernice che non va più via! Povero Bianchino mio!

– Che male c'è? – ho borbottato con voce piagnucolosa. – Lo chiami Rossino d'ora in avanti...

– Ah sì? – ha gridato allora la zia con la sua voce stridula, e tremando dalla rabbia. – Questo sfacciato ha iniziato di prima mattina a farmi disperare...

– Ma che ho fatto, dopo tutto? Ho spiantato la pianta di dìttamo, ma io non sapevo che gliel'avesse regalata il signor Ferdinando per la sua festa e che ora ci fosse dentro lo spirito...

– Basta così! – ha gridato la zia Bettina, interrompendomi. – Vattene, e non tornare mai più in casa mia, hai capito?

– Silenzio! – ha aggiunto mio padre con voce severa, ma mi sono accorto che rideva sotto i baffi.

Poi ha parlato sottovoce con la zia e ho sentito che ricordava spesso mia sorella Luisa. E infine mi ha preso per mano, e salutando la zia le ha detto: – Dunque ci conto, via! Non sarebbe né giusto né serio, per un pettegolezzo riportato da un ragazzo, mancare a una festa di famiglia così importante.

Dopo il viaggio in treno, ieri sera, alla stazione, c'era una vera folla ad aspettarmi: parenti, amici, conoscenti, tutti erano venuti lì apposta per salutarmi, e non si sentiva dir altro che Giannino qua e Giannino là...

Non dico poi quel che successe a casa; solo a pensarci mi vien da piangere. La mamma, povera donna, singhiozzava, le mie sorelle non si saziavano di baciarmi, e la Caterina si asciugava gli occhi col grembiule e non faceva che ripetere:

– Ah, sor Giovannino! Ah, sor Giovannino!

È un fatto positivo che un ragazzo che scappa di casa, quando ritorna, poi, ha delle grandi soddisfazioni!

Ma poi c'è un'altra cosa che mi rende felice, ed è questa: mia sorella sposa il dottor Collalto e lo sposalizio si farà tra cinque giorni, e ci sarà un gran pranzo di nozze con un'infinità di dolci di tutte le specie...

Il Collalto, essendosi stancato di aspettare che il dottor Baldi lo prendesse come collaboratore, aveva concorso per diventare assistente in un grande laboratorio di medicina a Roma, che non mi ricordo più come si chiama, e ora, avendo vinto il posto e, dovendo partir subito, ha deciso di sposare mia sorella e andar via con lei.

Questo davvero mi fa dispiacere perché voglio molto bene alla Luisa e anche al dottor Collalto, che è un giovane allegro, sempre pronto a giocare e scherzare con me. E, da quando mi ha regalato una splendida scatola di colori, gli voglio ancor più bene.

19 ottobre

Stamani Luisa mi ha condotto in camera sua, mi ha baciato e con le lacrime agli occhi mi ha regalato uno scudo d'argento molto bello dicendomi, al solito, di esser buono, di non fare sciocchezze, perché in casa col da fare che c'è per i preparativi dello sposalizio nessuno può badare a me...

L'ho sempre detto, io, che Luisa è la migliore di tutte.

Ho preso lo scudo e via, a mettere in esecuzione la mia

idea.

Ho comprato dodici razzi col fischio, sei candele romane, otto *tippi–tappi*, quattro belle girandole e altri fuochi d'artificio, coi quali festeggerò gli sposi la sera del matrimonio, in giardino.

24 ottobre

Finalmente il gran giorno è venuto: oggi ci sarà lo sposalizio e stasera farò i fuochi e così dimostrerò a Collalto, che ride sempre quando dice che io son suo cognato, come anche i ragazzi sappiano nutrire l'affetto per i parenti e la gratitudine per le scatole di colori che ricevono in regalo.

È arrivata anche la zia Bettina per assistere alla festa, e così ha rifatto la pace con tutti. Però, mentre la Luisa si aspettava da lei in regalo quel paio di diamanti che ebbe in eredità dalla povera nonna, ha avuto invece una coperta da letto di lana gialla e celeste, che la zia Bettina aveva fatto con le sue mani.

Luisa è rimasta mortificata, e ho sentito che diceva a Virginia: – Quella vecchia dispettosa si è voluta vendicare dell'altra volta che venne da noi.

Tutti son pronti, e fra pochi minuti si andrà al Municipio. Ma la zia Bettina non verrà, perché ha deciso, invece, di ritornare a casa sua col treno che parte tra mezz'ora.

Nessuno sa spiegarsi il perché di questa improvvisa decisione. Era stata accolta con tutti i dovuti riguardi; e alla mamma, che la pregava di dire francamente se qualcuno le aveva mancato di rispetto senza accorgersene, lei ha risposto a denti stretti: – Vo via, anzi, perché mi si rispetta troppo; e dirai a Luisa che, se vuol rispettarmi anche meglio, mi rimandi la coperta di lana che ho avuto la stupidaggine di farle con le mie mani.

E così se n'è andata via senza voler dire altro.

Il bello è che io solo so il vero motivo della partenza della zia, ma non lo dico per non guastare la bella sorpresa che avrà mia sorella.

Un'ora fa ho detto alla zia Bettina: – Cara zia, vuole un buon consiglio? Riporti via quella copertaccia di lana che ha regalato a Luisa e le regali invece i diamanti, ai quali mia sorella aveva fatto la bocca... Così si farà più onore, e mia sorella non avrà più ragione di dire che lei è una vecchia dispettosa!

Ebbene, bisogna che riconosca che questa volta la zia Bettina si è comportata davvero bene. Deve aver capito di avere sbagliato, perché ha accettato il mio consiglio e se ne va di corsa a casa sua a prendere i diamanti per Luisa che sarà felicissima, e tutto per merito mio.

Ecco cosa vuol dire essere un buon fratello!

Giornalino mio, sono nella massima disperazione e, mentre sto qui chiuso nella mia cameretta, non ho altro conforto che confidare a te la mia angoscia!

Il babbo mi ha chiuso qui dentro, dicendomi una filza di parolacce, in mezzo alle quali invece di virgole ci ha messo tanti calci così forti, che bisogna che stia a sedere su una parte sola e cambiando parte ogni cinque minuti... Bel modo di punire i ragazzi che son perseguitati dalla disgrazia e dalle circostanze impreviste!

È colpa mia, domando io, se stamani il Collalto ha ricevuto un telegramma ed è dovuto partire insieme alla Luisa col treno delle sei, invece di trattenersi la sera come era stato stabilito prima?

Naturalmente io, che avevo progettato di fare i fuochi stasera in giardino, son rimasto male...

E poi, alla fine, che ho fatto mai? Uno scherzo, un semplice scherzo, che, se il Collalto fosse stato meno pauroso, tutti avrebbero preso per il suo verso senza far tanto baccano...

Che scena!

Non potendo fare i fuochi la sera, avevo pensato di accendere almeno una girandola e me n'ero messa in tasca una di quelle più piccole, aspettando il momento opportuno.

Quando gli sposi sono scesi dal Municipio, mi son messo dietro a loro. Erano così commossi, che non mi hanno neanche visto. Allora, non so come, m'è venuta l'idea di attaccar la girandola al bottone di dietro del frak di Collalto e, acceso un fiammifero, le ho dato fuoco...

Non è possibile dire quel che è successo... ed è meglio che cerchi di riprodurlo con i colori che mi regalò il Collalto stesso, con quei colori per cui sentivo tanta gratitudine verso di lui da spendere tutto lo scudo che mi aveva dato sua moglie, che è mia sorella, in tanti fuochi d'artificio!

Che scena! Il dottore, mentre la girandola gli girava dietro le falde, tremava e urlava senza sapere cosa fosse accaduto; Luisa era quasi svenuta; gli invitati anch'essi erano tutti impauriti... e io mi divertivo un mondo, quando a un tratto mio padre, in mezzo alla confusione generale, mi ha preso per un orecchio e mi ha accompagnato fin qui, a forza di parolacce e di pedate.

31 ottobre

Ah, giornalino mio, come son nato disgraziato! E quel che mi è successo finora non è niente, perché c'è il caso che io finisca in galera, come mi è stato predetto da più d'uno e, tra gli altri, dalla zia Bettina...

Sono così avvilito, che in casa non hanno avuto neanche il coraggio di picchiarmi. La mamma mi ha accompagnato qui in camera mia, e mi ha detto semplicemente: – Non farti vedere da nessuno... e prega Dio che abbia pietà di te e di me che, per causa tua, sono la donna più disgraziata di questa terra!

Povera mamma! A pensare al suo viso pieno di malinconia mi viene da piangere... Ma, d'altra parte, che colpa ho se tutte le cose, anche le più semplici, mi vanno a rovescio?

Come avevo stabilito, ieri sera volli fare dei giochi di prestigio, nel salotto... e in questo non c'era niente di male, tant'è vero che tutti dissero:

–Vediamo, vediamo questo nuovo mago!

Fra gli spettatori, oltre Mario Marri, che fa le poesie e porta una lente su un occhio per vederci meglio, c'era la signorina Sturli, che le mie sorelle dicono che si stringe troppo il busto, c'era anche Carlo Nelli, quello che va vestito tutto elegante e che ha rifatto la pace dopo che s'era tanto arrabbiato perché Virginia gli aveva scritto sul ritratto: *Vecchio gommeux*.

– Cominceremo dal gioco della frittata! – dissi io.

Presi il primo cappello che mi capitò fra le mani, e lo posi su una sedia, a una certa distanza dal pubblico: poi presi due uova, le ruppi e versai le chiare e i tuorli nel cappello, mettendo i gusci in un piatto.

– Stiano attenti, signori! Ora prepareremo la frittata, e poi la metteremo a cuocere!

E con un cucchiaio mi misi a sbattere le uova dentro il cappello, con l'idea, di levarci poi la fodera e farlo ritornar pulito come prima.

Il Carli, nel vedermi sbattere le uova dentro il cappello, si lasciò scappare una gran risata e gridò: – Oh, questa è bella davvero!

Io, sempre più incoraggiato nel vedere che tutti si divertivano ai miei giochi, per finire l'esperimento in modo proprio perfetto, come avevo visto fare al celebre prestigiatore Morgan, dissi: – Ora che le uova sono sbattute, pregherei un signore di buona volontà di reggere il cappello mentre vado ad accendere il fuoco...

E, rivolgendomi all'avvocato Maralli, che era il più vicino a me, ripresi: – Lei, signore, vuol avere la gentilezza di reggere il cappello per un minuto?

L'avvocato accondiscese e, preso il cappello nella destra, vi gettò uno sguardo dentro e si mise a ridere, esclamando:

– Toh! Ma io credevo che ci fosse un doppio fondo... Invece ha sbattuto le uova proprio dentro il cappello!

Carlo Nelli, che sentì, fece un'altra risata più clamorosa della prima, ripetendo: – Ah, questa è bella! Questa è proprio graziosa!

Io, tutto contento, presi nell'ingresso il candeliere con la candela accesa, che avevo già preparato, e, tornato accanto all'avvocato Maralli, glielo misi nella sinistra, dicendo:

– Ecco acceso il fuoco; ora lei, signore, favorisca di tenerlo sotto al cappello, non tanto vicino per non bruciarlo... Ecco, così... Bravo... Ora, poi, la frittata è bell'e cotta e spegneremo il fuoco. Ma come? Ah! ecco qui: lo spegneremo con la mia pistola...

Veramente il Morgan adopera una carabina; ma io, avendo una di quelle pistole da ragazzi che si caricano con quei proiettili di piombo a punta da una parte e con uno spennacchietto rosso dall'altra, coi quali si tira nel bersaglio, avevo creduto che fosse la stessa cosa; e, impugnata l'arma, mi posi davanti all'avvocato Maralli.

In questo punto, molto importante per la riuscita dell'esperimento, dovendo spegnere con un colpo della pistola la candela, fui distratto improvvisamente da due grida.

Carlo Nelli, avendo a un tratto riconosciuto nelle mani dell'avvocato Maralli il proprio cappello, aveva smesso subi-

to di ridere, gridando con angoscia: – Uh! Ma quel cappello è il mio!

Nello stesso tempo, l'avvocato Maralli, vedendomi con la pistola tesa, aveva esclamato sgranando tanto d'occhi dietro gli occhiali: – Ma è forse carica?

In quel momento lasciai andare il colpo, e si udì un urlo:

– Ah, mi ha ammazzato!

E l'avvocato Maralli, lasciandosi cadere dalle mani il candeliere e il cappello con le uova dentro, che si sparsero sul tappeto sporcandolo tutto, si gettò su una sedia, premendosi il viso con tutt'e due le mani...

Le signorine Mannelli svennero; le altre si dettero a urlare; le mie sorelle si misero a piangere come fontane; Carlo Nelli si precipitò sul suo cappello, ringhiando:

– Assassino!

Mia madre, intanto, aiutata da Mario Marri, aveva afferrato l'avvocato Maralli, sorreggendolo e scostandogli le mani dal viso, dove vidi con terrore, proprio accanto all'occhio destro, lo spennacchietto rosso del proiettile a punta che gli s'era conficcato nella carne...

Ebbene: posso giurare che ero il più dispiaciuto di tutti, ma in quel momento non potei trattenermi dal ridere, perché il Maralli, con quello spennacchietto rosso ficcato accanto all'occhio, era proprio buffo...

Allora Carlo Nelli, che in tutta quella confusione aveva sempre continuato a pulire il cappello col fazzoletto, esclamò al colmo dello sdegno:

– Ma quello lì è un delinquente nato!

E la signorina Sturli, che si era avvicinata al Maralli per vedere che cosa gli era successo, accorgendosi d'aver macchiata la camicetta di seta bianca col sangue che usciva dall'occhio del ferito, si mise anche lei a smacchiarsi col fazzoletto, borbottando tutta stizzita:

– Quel ragazzo finirà in galera!

Io smisi di ridere, perché incominciavo a capire che la cosa era molto seria.

Mario Marri e gli altri invitati avevano sollevato l'avvocato Maralli e l'avevano trasportato su, nella camera degli ospiti; e intanto Carlo Nelli s'era incaricato d'andar a chiamare il dottore.

Io rimasto solo in salotto, mi misi in un angolino a singhiozzare e a riflettere sui casi miei... e ci rimasi così, triste, dimenticato da tutti, quasi tutta la notte, finché non mi ha scoperto la mamma che mi ha accompagnato, come ho scritto prima, qui in camera mia...

Pare che l'avvocato Maralli stia molto male.

E io? Io finirò in galera, come dicono tutti!

Sono disperato, mi gira la testa, mi sento tutto pesto come se mi avessero bastonato... Non ne posso più, non ne posso più!

Ho dormito e mi sento meglio.

Zitti! sento rumore nel corridoio...

Ah! forse il Maralli è morto davvero... forse i carabinieri vengono ad arrestarmi per omicidio...

Ma che carabinieri! Era la mamma, la mia buona mamma, che è venuta a portarmi da mangiare e a darmi notizie dell'avvocato Maralli!

L'avvocato non è morto, e non c'è neanche pericolo di

morte.

Pare che tutto si ridurrà alla perdita dell'occhio, perché è rimasto offeso non so che nervo... e il dottore ha assicurato che il Maralli tra una diecina di giorni potrà andar fuori.

10 dicembre

Novità grandiosa: l'avvocato Maralli sposa mia sorella Virginia.

Evviva gli sposi! Evviva Giannino! E abbasso le minestre di capellini.

Finalmente la pace è tornata in famiglia e tutto per merito mio. Stamattina, dunque, come mi ero ripromesso, stavo all'erta; e, quando ho sentito un po' di rumore in casa, zitto zitto mi sono alzato, mi son vestito e sono stato ad aspettare gli eventi.

Nessuno pensava a me.

Ho sentito il babbo, la mamma, Ada e Virginia che sono scesi giù dalle loro camere; poi, è venuto l'avvocato Maralli, e in ultimo ha suonato il campanello il vetturino e tutti sono usciti.

Allora, io che stavo pronto, lesto come una saetta, sono sbucato dalla mia camera, sono uscito di casa, e via a corsa precipitosa dietro la carrozza che si era appena mossa.

L'ho raggiunta, ho afferrato la traversa di legno che è in fondo, dietro il mantice, e mi son ficcato lì a sedere, come fanno i ragazzi di strada, pensando fra me: "Ecco che ora non potrete più nascondermi dove andate!".

Il più bello, poi, è questo: che stando lì, udivo tutti i discorsi che facevano dentro la carrozza...

E, tra l'altro, ho sentito il Maralli che diceva: – Per carità, badate che quel terremoto di Gian Burrasca non sappia niente di questa nostra gita... altrimenti lo ridice a mezzo mondo!

Cammina cammina, dopo molto tempo la carrozza s'è fermata e tutti sono scesi. Ho aspettato un po' e poi sono sceso anch'io.

Oh meraviglia!

Si era davanti a una chiesetta di campagna, nella quale erano entrati i miei genitori, le mie sorelle e il Maralli.

– Che chiesa è questa? – ho domandato a un contadino che era lì fuori.

– È la chiesa di San Francesco al Monte.

Sono entrato anch'io, e ho visto dinanzi all'altar maggiore, inginocchiati davanti al prete, l'avvocato Maralli e Virginia, e più indietro Ada, il babbo e la mamma.

Strisciando lungo la parete della chiesa, mi sono avvicinato all'altare senza che nessuno si accorgesse di me, e così ho potuto assistere a tutto lo sposalizio, e quando il prete ha domandato a Virginia e al Maralli se erano contenti di sposarsi e loro hanno risposto di sì, allora sono uscito all'improvviso fuori dall'ombra e ho detto: – Sono contento anch'io; e, allora, perché non mi avete detto niente, brutti cattivi?

Subito la mamma si è messa a singhiozzare e mi ha preso tra le braccia e mi ha baciato, domandandomi con voce tremante: – Giannino mio, Giannino mio, ma come hai fatto a venir fin qui?

Il babbo ha borbottato: – Una delle solite!

Anche Virginia, dopo il matrimonio, piangeva e mi ha abbracciato e baciato, ma il Maralli m'è parso molto scontento, e, presomi per un braccio, mi ha detto: – Bada bene, Giannino, che non ti scappi detto a nessuno, in città, quello che hai visto... Hai inteso?

– E perché?

– Non ti impicciare del perché... Non son cose che possono capire i ragazzi, queste. Sta' zitto e basta.

12 dicembre

Giornalino mio, rieccoci daccapo chiusi in camera, e forse, Dio non voglia, condannati alle minestre di capellini!

Quanto sono disgraziato! Sono tanto disgraziato che piangerei chi sa come, se non mi venisse da ridere, nel ripensare

alla faccia del Maralli quando è scoppiata la gola del caminetto. Com'era buffo, con quel barbone che gli tremava tutto dalla paura!

Ecco dunque com'è andato il fatto.

Quando il Maralli, mia sorella, il babbo, la mamma e tutti gli altri son tornati dal Municipio faceva un gran freddo, ragione per cui uno degli invitati, entrando nella sala da pranzo, ha detto: – Siamo tutti intirizziti; se ci date anche il rinfresco, moriremo qui assiderati!

Allora Virginia e l'avvocato Maralli hanno chiamato subito Caterina e le han fatto accendere il caminetto.

Caterina, poveretta, ha obbedito e...

Dio, che bomba!

È parsa proprio una bomba; e poi lì per lì, tra la polvere, sotto la pioggia dei calcinacci che schizzavano qua e là si è creduto che crollasse tutta la casa.

Caterina è cascata lunga distesa senza più dar segno di vita; Virginia che stava lì a vedere accendere il caminetto, ha cacciato un urlo; e il Maralli, bianco come uno straccio lavato, scuoteva il barbone e ballava per la stanza, ripetendo: – Mamma mia, il terremoto! Mamma mia, il terremoto!

Molti invitati sono scappati via. Il babbo, invece, è corso subito sul luogo del disastro, ma nessuno capiva perché si era schiantata la gola del caminetto, facendo crollare giù mezza parete della stanza.

A un tratto, quando tutto pareva finito, si è sentito dentro il caminetto un fischio e tutti son rimasti senza fiato per la sorpresa.

Il Maralli ha detto: – Ah! Lì dentro c'è un incendiario! Bisogna chiamar le guardie! Bisogna farlo arrestare!

Ma io, che avevo capito tutto, non ho potuto fare a meno di esternare il mio dispiacere: – Ah, i miei razzi col fischio!

Mi ero ricordato in quel momento che, quando avevo comperato i fuochi per festeggiare il matrimonio di Luisa, non avendoli potuti più adoperare, li avevo ficcati appunto su per la gola del camino nel salone di ricevimento, dove non andava mai nessuno, perché il babbo non me li trovasse, ché altrimenti me li avrebbe sequestrati.

Naturalmente la mia esclamazione è stata un lampo di luce per tutti.

– Ah! – ha gridato l'avvocato Maralli imbestialito – ma tu sei addirittura il mio flagello! Ero scapolo e tentasti di accecarmi, ora piglio moglie e tenti di incenerirmi!

La mamma, intanto, mi aveva preso per un braccio e, per salvarmi dal babbo, mi ha portato qui in camera mia, tanto per cambiare.

Fortuna che, quando ci sono dei rinfreschi in casa, io ho la precauzione di farmi sempre la parte, prima che incomincino!

Passo passo nella storia

Giannino è un instancabile combinaguai. Ricordi quali disastri ha combinato in famiglia e presso zia Bettina?

- In famiglia

....

....

....

....

....

....

....

....

....

....

....

....

....

....

....

....

....

....

....

....

....

- Da zia Bettina

Tra i vari episodi quale ricordi volentieri? Sintetizza brevemente.

....
....
....
....
....
....
....
....
....
....
....
....
....
....
....
....
....
....
....
....
....
....
....
....
....

A te la penna

Immagina di essere Giannino e di scrivere una pagina di diario, nella quale racconti una birichinata accaduta in famiglia o da zia Bettina.

Caro giornalino,

....

....

....

....

....

....

....

....

....

....

....

....

....

....

....

....

....

....

....

....

....

....

Divertiamoci con i personaggi

- **Descrivi zia Bettina e alcuni personaggi che ti hanno maggiormente colpito. Di ciascuno metti in evidenza gli aspetti che più lo caratterizzano.**

Biricchinate a scuola

5 novembre

In questi giorni non ho avuto un minuto di tempo per scrivere nel mio caro giornalino, e anche oggi ne ho pochissimo, perché ho da fare i compiti.

Proprio così. Si sono riaperte le scuole, e io ho messo giudizio e voglio proprio studiare sul serio e *farmi onore*, come dice la mamma.

Con tutto questo, non posso evitare di mettere qui, nel giornalino delle mie memorie, il ritratto del professore di latino,

che è così buffo, specialmente quando vuol fare il terribile e grida:

– Tutti zitti! Tutti fermi! E guai se vedo muovere un muscolo del viso!

Per questo noialtri fin dai primi giorni gli abbiamo messo il soprannome di *Muscolo* e ora non glielo leva più nessuno, campasse mille anni!

7 novembre

Stamani a scuola, alla lezione di latino, ci è successa una cosa che merita davvero d'esser raccontata. Renzo, che sta di posto accanto a me, aveva portato un po' di pece presa nel negozio di suo zio, che fa il calzolaio; e io, colto il momento che un compagno davanti a noi si era alzato per andare a dir la lezione, ho steso ben bene questa pallottolina di pece nel posto dove sta a sedere questo ragazzo, che è Mario Betti, ma noi lo chiamiamo il *Mi'lordo* perché va vestito tutto per l'appunto e all'inglese, mentre invece ha sempre il collo e le orecchie così sudici che pare proprio uno spazzino travestito da signore.

Naturalmente, quando è tornato al suo posto non si è accorto di niente. Ma dopo un po' la pece sulla quale stava a sedere gli s'era riscaldata sotto e ha fatto presa sui calzoni in modo che lui, nel muoversi, e nel sentirsi tirare per di dietro, ha cominciato a borbottare e a smaniare.

Il professore se n'è accorto, e allora tra *Muscolo* e il *Mi' lordo* è avvenuta una scena da crepar dal ridere.

– Che c'è lì? Che ha il Betti?

– Ecco, io...

– Zitto!

– Ma...

– Fermo!

– Ma io non posso...

– Zitto e fermo! Guai se vedo muovere un muscolo!

– Ma scusi, io non posso...

– Non può? Non può star zitto né fermo? Allora esca dal suo posto...

– Ma io non posso...

– Vada fuori!

– Non posso...

– Ah!

E con un ruggito *Muscolo* si è scagliato sul povero *Mi' lordo* e, afferratolo per un braccio, lo ha tirato fuori dal banco, con l'intenzione di buttarlo fuori dalla scuola, ma l'ha lasciato subito, perché ha sentito un gran crac e s'è accorto che un pezzo dei calzoni di quel povero ragazzo era rimasto attaccato al sedile.

Muscolo è rimasto male... ma è rimasto peggio il *Mi'*

lordo e bisognava vederli tutti e due impappinati a guardarsi in faccia, senza che nessuno dei due si potesse spiegare l'accaduto.

Una risata clamorosa è rimbombata nella classe, e il professore, rovesciando su tutti la sua rabbia, ha urlato:

– Tutti fermi! Tutti zitti! Guai se...

Ma non ha avuto il coraggio di finire il solito ritornello. Eh, sì! Altro che muscolo! Tutta la scolaresca era a bocca spalancata, ed era impossibile, anche volendo, che qualcuno si potesse frenare...

Dopo, per questo fatto è venuto il Preside, e per l'affare della pece siamo stati interrogati in sette o otto di noialtri, che stiamo nel banco dietro a quello del *Mi'lordo*, ma non ci sono state spiate, fortunatamente, e la cosa è rimasta lì.

Però il Preside, guardandomi fisso, ha detto:

– Stia attento chi è stato, che può essere che la paghi quando meno se l'aspetta.

5 dicembre

Oggi è arrivata una lettera di quel caro signor Preside che ha voluto fare il suo bravo rapporto per una sciocchezza accaduta ieri a scuola, una cosa alla quale si è voluto dare una grande importanza, non si sa perché.

Ecco come sta il fatto.

Ieri avevo portato a scuola una boccettina d'inchiostro rosso che avevo trovato sulla scrivania del babbo... e in questo mi pare non ci sia nulla di male.

Io ho sempre detto che sono un gran disgraziato, e lo ripeto. Infatti, guardate: porto a scuola una bottiglietta d'inchiostro rosso proprio nel giorno in cui alla mamma del Betti viene in mente di mettergli un colletto inamidato di due metri;

e lei mette al figliuolo quel colletto proprio nel giorno che mi viene il capriccio di portare a scuola una bottiglia d'inchiostro rosso.

Non so come mi è venuta l'idea di utilizzare il colletto del Betti, che era così grande, così bianco, così luccicante... e, intinta la penna dalla parte del manico nell'inchiostro rosso, piano piano, perché il Betti non sentisse, gli ho scritto sul colletto questi versi:

Tutti fermi! Tutti zitti,
Ché se vi vede Muscolo
Siete tutti fritti!

Poco dopo, il professor *Muscolo* ha chiamato il Betti alla lavagna, e tutti, leggendo su quel bel colletto bianco questi tre versi in un bel color rosso, hanno dato in una grande risata.

Da principio *Muscolo* non capiva, e non capiva nulla neppure il Betti, proprio come l'altra volta, quando gli misi la pece sotto i calzoni, che gli rimasero attaccati alla panca. Ma poi il professore lesse i versi e diventò una tigre.

Andò subito dal Preside che, al solito, venne a fare un'inchiesta.

Io, nel frattempo, avevo fatto sparire la boccettina dell'inchiostro rosso, nascondendola sotto la base di legno del banco; ma il Preside volle far la rivista delle cartelle di tutti noi, che stavamo di posto dietro al Betti e, nella mia, trovò la penna col cannello tinto di rosso.

– Lo sapevo che era stato lei! – mi disse il Preside – Come fu lei a metter la pece sotto i calzoni dello stesso Betti... Va bene! Tanto va la gatta al lardo...

E per questa cosa mi ha fatto rapporto.

– Lo vedi? – ha gridato il babbo, mettendomi la lettera del Preside sotto il naso – Lo vedi? Non si finisce di rimproverarti di una birbonata che ne vien fuori un'altra peggiore!

17 dicembre

Oggi a scuola ho litigato con Cecchino Bellucci per causa di Virginia.

– È vero – mi ha detto il Bellucci – che tua sorella ha sposato quell'arruffapopoli dell'avvocato Maralli?

– È vero – gli ho risposto, – ma il Maralli non è quello che dici tu: invece, è un uomo d'ingegno, e presto sarà deputato.

– Deputato? *Bum!*

E il Bellucci si è coperto la bocca, soffocando una risata.

Io naturalmente, ho incominciato a riscaldarmi.

– C'è poco da ridere! – gli ho detto, scuotendolo per un braccio.

– Ma non sai – ha ripreso lui – che per fare il deputato ci vogliono molti, ma molti soldi? Sai chi sarà deputato? Mio zio Gaspero: ma lui è commendatore e il Maralli no;

lui è stato sindaco e il Maralli no; lui è amico di tutte le persone più altolocate e il Maralli no; lui ha l'automobile e il Maralli no...

– Che c'entra l'automobile? – gli ho detto.

– C'entra, perché con l'automobile mio zio Gaspero può andare in tutti i paesi di campagna e anche in cima ai monti a fare i discorsi, mentre il Maralli, se ci vuole andare, bisogna che ci vada a piedi...

– Nei paesi di campagna? Mio cognato, se lo vuoi sapere, è il capo di tutti gli operai e di tutti i contadini, e se tuo zio va in campagna anche con l'automobile ci troverà delle brave bastonate!

– *Bum!* A parole!

– C'è poco da far bum...

– *Bum!*

– Smetti di fare bum, t'ho detto.

– *Bum! Bum!*

– Quando poi s'esce da scuola, te lo do io il bum!

Lui s'è calmato perché sa, come sanno tutti, che Giannino Stoppani di prepotenze non se ne lascia far da nessuno.

Difatti dopo scuola l'ho raggiunto alla porta d'uscita dicendogli: – Ora facciamo i conti!

Ma lui ha affrettato il passo e, appena fuori, è montato sull'auto di suo zio che lo aspettava e s'è messo a suonar la tromba tra l'ammirazione di tutti i nostri compagni, mentre lo scioffèr girava il volante e via di gran corsa...

Non importa. Gliele darò domani!

23 dicembre

È quasi una settimana che non scrivo in questo mio caro giornalino. Sfido! Come avrei potuto farlo con la clavicola spostata e il braccio ingessato?

Ma oggi finalmente il dottore mi ha tolto il gesso, e alla meglio posso descrivere qui, dove confido tutti i miei pensieri e tutti i casi della mia vita, la tremenda avventura che mi successe il 18 dicembre, data memorabile per me perché fu un vero miracolo che non segnasse l'ultimo giorno della mia vita.

Quella mattina, dunque, appena Cecchino Bellucci venne a sedermi accanto, gli diedi del vigliacco perché era scappato in automobile per paura della lezione che gli avevo promesso.

Lui, allora, mi spiegò che in quei giorni essendo i suoi genitori a Napoli per la malattia di suo nonno, che sarebbe il babbo della sua mamma, era stato accolto in casa dello zio Gaspero, che lo mandava a prendere a scuola tutti i giorni con l'automobile. Perciò non poteva incontrarmi faccia a faccia almeno per un certo tempo.

Dietro queste spiegazioni mi calmai, e ci mettemmo a discorrere dell'automobile, che è una cosa che mi interessa assai; e il Bellucci mi spiegò tutto il meccanismo, dicendomi che lui lo conosce benissimo e ci sa andare anche da solo e ci è andato più d'una volta, perché basta saper girare il volante e stare attenti alle curve, anche un ragazzo lo sa manovrare.

Io veramente ci credevo poco, perché mi pareva impossibile che lasciassero l'automobile nelle mani di un ragazzetto come Cecchino Bellucci. E, siccome glielo dissi, lui, punto nell'orgoglio, mi propose una scommessa.

– Senti, – mi disse – lo scioffèr oggi deve fermarsi alla Banca d'Italia per sbrigare una commissione per lo zio Gaspero e io rimarrò solo sull'automobile. Tu cerca il modo di uscir prima dalla scuola, e fatti trovare sul portone della banca; mentre lo scioffèr tratterrà dentro, tu monterai sull'automobile e io ti farò fare un giretto intorno alla piazza, e così vedrai se son capace o no. Va bene?

– Benone!

E si scommise dieci pennini nuovi e un lapis rosso e blu.

Detto fatto, una mezz'oretta prima dell'uscita, cominciai a dimenarmi sulla panca, finché il professor *Muscolo* mi disse: – Tutti fermi! Che cos'ha lo Stoppani che si divincola come un serpente? Tutti zitti!

– Mi duole il corpo – risposi. – Non ne posso più...

– Allora vada a casa... tanto c'è poco all'uscita.

E io, come s'era stabilito con Cecchino, uscii e andai difilato alla Banca d'Italia.

Poco dopo eccoti l'automobile del Bellucci. Lo scioffèr scese, e quando fu entrato nella banca, a un cenno di Cecchino, montai su e mi misi a sedere accanto a lui.

– Ora vedrai se non so mandarla come si deve, – mi disse. – Tieni intanto la tromba, e suona...

Si chinò dicendo: – Vedi? Per andare, basta girar questo...

E girò il volante.

L'automobile fece: *putupum!* due o tre volte, e via di gran carriera.

Io lì per lì mi divertii molto e mi misi a suonar la tromba a tutt'andare ed era un ridere veder tutta la gente sgambettare di qua e di là per scansarsi, guardandoci spaventata. Ma fu un attimo; capii subito che Cecchino non sapeva guidare l'automobile in nessun modo, né frenarla, né fermarla.

– Suona, suona! – mi diceva, come se il suonare la tromba potesse influire sul meccanismo della guida.

Si uscì dalla città come una palla di fucile, e via per la campagna con una velocità vertiginosa, tanto che non si respirava.

Cecchino, a un tratto, lasciò il volante e si abbandonò sul sedile, bianco come un cencio lavato.

Dio mio, che momento!

Solo a ripensarci mi sento rizzare i capelli in testa.

Fortunatamente la strada era larga e diritta: vedevo come in sogno sfuggirmi dinanzi agli occhi la campagna intorno. Di questa visione mi è rimasta un'impressione così viva, che posso qui riprodurla come in un' istantanea.

Ricordo benissimo che un contadino che badava ai buoi, vedendoci passare come una saetta, urlò con una voce formidabile che arrivò a coprire il rumore dell'automobile: – L'osso del collo!

Il mal augurio si avverò anche troppo presto e, se non ci si ruppe proprio l'osso del collo, andarono rotte altre ossa non meno utili. Io ricordo appena che a un certo punto vidi dinanzi a me sorgere a un tratto dalla terra come un grande fantasma bianco che si riversasse sull'automobile... e poi più nulla.

Dopo ho saputo che a una curva della strada eravamo andati contro una casa, che la violenza dell'urto era stata tale che io e Cecchino avevamo fatto un volo per aria di una trentina di metri e che nella disgrazia avevamo avuto la fortuna di cascar dentro un cespuglio che ci servì da cuscinetto, attutendo il colpo della caduta, così che non fu – come poteva essere – mortale.

Ho saputo anche che dopo mezz'ora dal disastro arrivò lo scioffèr del Bellucci con un'altra automobile, che era corso a prenderla a nolo, appena si era accorto della nostra fuga, e ci trasportò tutti e due all'ospedale, dove a Cecchino ingessarono la gamba destra e a me il braccio sinistro.

Io non mi potevo muovere, e dovettero accompagnarmi a casa in barella.

Certo è stato un brutto azzardo, e i miei poveri genitori e Ada hanno provato un gran dispiacere; ma è stata anche una bella soddisfazione per me raccontare a tutti quelli che son venuti a farmi visita questa mia avventura, descrivendo la nostra corsa vertiginosa che faceva ripetere a ciascuno: – È stata una vera e propria *corsa alla morte!*

E, oltre a questo, ho la soddisfazione di aver vinto a quello sballone di Cecchino Bellucci dieci pennini nuovi e un lapis rosso e blu che, appena saremo guariti, mi dovrà dare, se non vuole che gli dia la famosa lezione che deve avere per i suoi *bum* contro mio cognato!

Passo passo nella storia

Rispondi.

- Che cosa ha commesso Gian Burrasca verso il suo compagno di scuola? Racconta.

....

....

....

....

....

....

....

....

....

....

....

....

....

....

....

....

....

....

....

....

....

....

- Come giudichi il comportamento di Gian Burrasca?

....
....
....
....
....
....
....
....
....
....
....

- Come giudichi, invece, l'atteggiamento del maestro?

....
....
....
....
....
....
....
....
....
....
....
....

Che cosa ha combinato Gian Burrasca col suo amico di scuola Bellucci? Racconta.

....
....
....
....
....
....
....
....
....
....
....
....
....
....
....
....
....
....
....
....
....
....
....
....
....

A te la penna

- **Immagina di essere Giannino e di scrivere una pagina di diario nella quale racconti una birichinata fatta a scuola.**

Caro giornalino,

....

....

....

....

....

....

....

....

....

....

....

....

....

....

....

....

....

....

....

....

....

....

I compagni di scuola

- **Immagina di essere Giannino e racconta in una pagina di diario alcuni brevi episodi di cui sono stati protagonisti alcuni suoi compagni di classe.**

....
....
....
....
....
....
....
....
....
....
....
....
....
....
....
....
....
....
....
....
....
....

Birichinate in collegio

29 gennaio

È una settimana, giornalino mio, che non ho scritto più un rigo in queste tue pagine, nelle quali in questi giorni avrei avuto pur tante cose tristi e comiche da confidare e anche tante lacrime da versare! Il fatto è che il babbo mi ha messo in collegio e qui, in questo stabilimento carcerario, non siamo mai soli, neppure quando si dorme, e la libertà non penetra mai per nessuno, neppure per un secondo...

Il Direttore si chiama il signor Stanislao ed è un uomo secco secco e lungo lungo, con due gran baffoni brizzolati che quando s'arrabbia gli tremano tutti, e con una zazzera di capelli nerissimi che gli vengono in avanti appiccicati sulle tempie, che gli danno l'aria di un grand'uomo, ma dei tempi passati.

E' un tipo militare, che parla sempre a forza di comandi e facendo gli occhi terribili.

– Stoppani, – mi ha detto un paio di giorni fa – stasera starete a pane e acqua! Per fianco destro... March!

E questo perché? Perché mi aveva sorpreso nel corridoio che conduce alla palestra, mentre scrivevo col carbone sul muro: Abbasso i tiranni!

Più tardi, la Direttrice mi disse: – Sei un sudicione e un malvagio. Sudicione perché hai sporcato il muro, e malvagio perché offendi le persone che cercano di farti del bene correggendoti.

La Direttrice si chiama signora Geltrude ed è la moglie del signor Stanislao, ma è un tipo tutto diverso da lui.

È bassa bassa e grassa grassa, con un naso rosso rosso e declama sempre, e fa dei grandi discorsi per delle cose da nulla, e non si calma mai un minuto, corre dappertutto e discute con tutti e su tutto e su tutti trova a ridire.

Gli insegnanti che fanno lezione alle diverse classi sono tutti dipendenti dal Direttore e dalla Direttrice e sembrano loro servitori. Il professore di francese arriva perfino a baciare la mano alla signora Geltrude, tutte le mattine quando le dà il buon giorno e tutte le sere quando le dà la buona notte; e il professore di matematica dice sempre al signor Stanislao quando va via:

– Servo suo, signor direttore!

Noi collegiali siamo ventisei in tutto: otto grandi, dodici medi e sei piccoli. Io sono il più piccino di tutti. Si dorme in tre camerate, una accanto all'altra, si mangia tutti in un gran salone, due pasti al giorno, e la mattina il caffè e latte col pane inzuppato, ma senza burro e sempre con poco zucchero.

Il primo giorno a pranzo, vedendo venir la minestra di riso, esclamai: – Meno male! Il riso mi piace moltissimo...

A un ragazzo di quelli grandi che sta di posto accanto a me (perché a tavola ci mettono sempre alternati, uno piccino e uno più grande) e che si chiama Tito Barozzo ed è napoletano, scappò una gran risata e disse:

– Tra una settimana non dirai più così!

Io allora non capii niente, ma ora ho compreso benissimo il significato di quelle parole.

Sono sette giorni che sono qui e, meno l'altro ieri che era venerdì, si è sempre mangiato la minestra di riso due volte al giorno...

Mi è venuta così a noia, che l'idea di una minestra di capellini, che prima mi era così antipatica, ora mi manda in estasi!

Oh mamma mia, cara mammina che mi facevi fare spesso da Caterina gli spaghetti con le acciughe, che mi piacciono tanto, chissà come ti dispiacerebbe se sapessi che il tuo Giannino in collegio è obbligato a mangiare dodici minestre di riso in una settimana!

1° febbraio

È appena giorno e ne approfitto per continuare a registrare le mie memorie nel mio caro giornalino, mentre i miei compagni dormono della grossa.

In questi due giorni passati ho due fatti notevoli da narrare: una condanna alla prigione e la scoperta della ricetta per fare un'eccellente minestra di magro.

Ieri l'altro, dunque, cioè il 30 gennaio, dopo colazione, mentre stavo chiacchierando con Tito Barozzo, un certo Carlo Pezzi gli si accostò e gli disse sottovoce: – Nello stanzino ci son le nuvole...

– Ho capito! – rispose il Barozzo strizzando un occhio.

E, poco dopo, mi disse: – Addio, Stoppani, vado a studiare – e se n'andò dalla parte dove era andato il Pezzi.

Io, che avevo capito che quella d'andare a studiare era una scusa bella e buona, fui preso da una grande curiosità e lo seguii pensando: "Voglio vedere le nuvole anch'io".

E, arrivato a una porticina dove avevo visto sparire il mio compagno di tavola, la spinsi e... capii ogni cosa.

In una piccola stanzetta che serviva per pulire le lampade a petrolio (ve n'erano due file da una parte e in un angolo una gran cassetta di zinco piena di petrolio, e stracci e spazzolini su una panca) stavano quattro collegiali grandi che nel vedermi si agitarono, e vidi che uno, un certo Mario Micheloz-zi, cercava di nascondere qualcosa...

Ma c'era poco da nascondere, perché le nuvole dicevano tutto; la stanza era piena di fumo e si sentiva subito che era

di sigaro toscano.

– Perché sei venuto qui? – disse il Pezzi con aria minacciosa.

– Oh bella! Son venuto a fumare anch'io.

– No, no! – saltò a dire il Barozzo. – Non ci è abituato... gli farebbe male, e così ci scoprirebbero.

– Va bene: allora starò a veder fumare.

– Bada bene però, – disse un certo Maurizio Del Ponte. – Guai se...

– Io, per tua regola, – lo interruppi sprezzante, avendo capito quel che voleva dire – la spia non l'ho mai fatta!

Allora, il Michelozzi, che era rimasto sempre prudentemente con le mani dietro la schiena, tirò fuori un sigaro toscano ancora acceso, se lo cacciò avidamente tra le labbra, tirò due o tre boccate e lo passò al Pezzi che fece lo stesso, passandolo poi al Barozzo, che ripeté il gesto passandolo al Del Ponte che, dopo le tre boccate di regola, lo rese al Michelozzi... e così si ripeté il passaggio parecchie volte, finché il sigaro fu ridotto a una misera cicca e la stanza era così piena di fumo che ci si asfissiava...

– Apri il finestrino! – disse il Pezzi al Michelozzi. E questi si era mosso per eseguire il saggio consiglio, quando il Del

Ponte esclamò: – Calpurnio!

E si precipitò fuori della stanza seguito dagli altri tre.

Io, sorpreso da quella parola sconosciuta, indugiai un po' nella istintiva ricerca del suo misterioso significato, pur comprendendo ch'era un segnale di pericolo; e quando, a brevissima distanza dagli altri, feci per uscir dalla porticina, mi trovai a faccia a faccia col signor Stanislao in persona, che mi afferrò per il petto con la destra e mi ricacciò indietro esclamando: – Che cosa succede qua?

Ma non ebbe bisogno di nessuna risposta; appena dentro la stanza, comprese perfettamente quel che era successo e con due occhi da spiritato, mentre gli tremavano i baffi scompigliati dall'ira, tuonò: – Ah, si fuma! Si fuma, e dove si fuma? Nella stanza del petrolio, a rischio di far saltar l'istituto! Sangue d'un drago! E chi ha fumato? Hai fumato tu! Fa' sentire il fiato... *march!*

E si chinò giù, mettendomi il viso contro il viso in modo che i suoi baffoni grigi mi facevano il pizzicorino nelle gote. Io eseguii l'ordine facendogli un gran sospiro sul naso ed egli si rialzò dicendo: – Tu no... difatti sei troppo piccolo. Hanno fumato i grandi... quelli che

sono scappati quando imboccavo il corridoio. E chi erano? Svelto... *march!*

– Io non lo so.

– Non lo sai? Come! Ma se erano qui con te!

– Sì, erano con me... ma non li ho visti... Sa, con questo fumo!

A queste parole i baffi del signor Stanislao incominciarono a muoversi in un vortice infernale.

– Ah! Sangue di un drago! Tu osi rispondere così al direttore? In prigione! In prigione! March!

E, afferratomi per un braccio, mi portò via, chiamò un bidello e gli disse: – In prigione fino a nuovo ordine!

La prigione è una stanzetta su per giù come quella delle lampade a petrolio, ma più alta della metà, e c'è una finestra lassù, con una sbarra di ferro che le dà proprio l'aspetto triste di una prigione.

Fui chiuso lì dentro, e vi rimasi solo con i miei pensieri finché non venne a farmi visita la signora Geltrude, che mi fece una lunga predica sul pericolo dell'incendio che sarebbe potuto divampare se il fuoco del sigaro si fosse appiccato al petrolio, e seguitò a declamare per un bel pezzo per finire poi, con voce patetica, a scongiurarmi di dire a lei la verità, assicurandomi che non era per dare delle punizioni ai colpevoli, ma per prendere delle precauzioni nell'interesse di tutti...

Io, naturalmente, continuai a dire che non sapevo niente e che non avrei detto niente mai, anche se mi avessero tenuto in prigione per una settimana, che dopo tutto era meglio stare a pane e acqua che essere obbligati a mangiar la minestra di riso due volte al giorno...

La Direttrice se ne andò tutta invelenita dicendomi con voce drammatica: – Vuoi essere trattato con tutto il rigore possibile? E sia!

Rimasto solo daccapo, mi sdraiai sul lettuccio che era in un angolo della prigione e non tardai ad addormentarmi, perché era già tardi ed ero stanco per le tante emozioni.

La mattina dopo, cioè ieri mattina, mi svegliai di buon umore.

Mi venne in mente che, se avessi potuto chiamare dalla finestra qualche passerotto, sarebbe stato molto più facile ammaestrarlo; ma la finestra era così alta!

Non so che cosa avrei dato per potermi arrampicare su quella finestrina; e, a furia di pensarci, mi era venuta come una frenesia e non potevo più star fermo, né riuscivo a levarmi dal cervello quell'idea...

Cominciai col trascinare il lettuccio sotto la finestra per diminuirne la distanza; poi, presi un pezzo di corda che avevo in tasca, levai la cinghia dei calzoni e l'aggiunsi a quella... Ma con tutt'e due si arrivava appena alla metà dell'altezza, cui era posta la finestra. Allora, mi cavai la camicia, la strappai a strisce, che attorcigliai e che aggiunsi alla corda che avevo già; ne venne fuori una corda assai lunga che lanciai, mirando alla finestra. Ora ci arrivava, ma occorreva una lunghezza maggiore per farne ritornar giù una parte dopo averla fatta passare sulla sbarra, che era nel mezzo della finestra. Mi tolsi anche le mutande e ne feci ancora strisce, che aggiunsi alle altre. Così ottenni una corda sufficiente a tentare la scalata, che mi ero prefisso di dare alla finestra.

Da un capo di essa attaccai una scarpa; e incominciai i

miei esercizi di tiro a segno, lanciando con la destra la scarpa contro la sbarra di ferro e tenendo nella sinistra l'altro capo della corda.

Quanti vani tentativi! Non avevo orologio per calcolare quanto tempo occupassi in questo lavoro, ma potevo giudicarne la durata dal sudore che mi bagnava tutto per la fatica.

Finalmente mi riuscì di fare in modo che la scarpa, lanciata al di sopra della sbarra, girasse al di sotto, ritornando dentro la stanza; e, dopo, piano piano, a forza di piccole e prudenti scosse date con la parte di corda che avevo in mano, mi riuscì di far calare giù l'altro capo tanto da arrivare ad acchiapparlo.

Che felicità! Su quella doppia corda mi arrampicai su fino alla finestra, dove mi riuscì di accoccolarmi, alla meglio, e salutai il cielo che mai mi era parso così limpido e così bello come in quel momento.

Ma, oltre alla bellezza del cielo che scorgevo al di sopra di me, mi commosse l'animo un grato odorino di soffritto che veniva dal di sotto... La finestrina, infatti, dava sul cortiletto della cucina dove, in un angolo, c'era un enorme pentolone pieno d'acqua bollente.

Allora mi ricordai che era venerdì, il giorno sacro alla famosa minestra di magro che in mezzo a tutte le minestre di riso della settimana, veniva ad allietare i nostri stomachi. Ripensai a quella eccellente minestra di magro così saporita e che pareva riunire in sé le fragranze più care dell'umano palato...

Mi sentivo venir l'acquolina in bocca e una grande malinconia mi scendeva giù nella desolata solitudine delle mie povere budella...

Fortunatamente questo atroce supplizio durò poco, perché ogni desiderio mi sparì come per incanto dallo stomaco, appena scoprii la ricetta con la quale il cuoco del collegio faceva la sua ottima minestra di magro.

Stando appollaiato sulla finestra, avevo visto più volte andare e venire lo sguattero, un ragazzaccio che da quel che capii era stato preso da poco, perché sentivo il cuoco che gli diceva continuamente: – Fa' così, fa' cosà, piglia qui, piglia là – e gli insegnava tutto quel che doveva fare e dove stavano gli utensili e come dovevano essere adoperati.

– Tutti i piatti sudici di ieri – gli domandò a un certo punto il cuoco – dove li hai messi?

– Lassù su quell'asse come mi diceste voi.

– Benone! Ora rigovernali nella solita caldaia dove hai rigovernato ieri e ieri l'altro, che l'acqua calda dev'essere al punto giusto... E poi, risciacquali come le altre volte nell'acqua pulita.

Lo sguattero portò tutti i piatti sudici nel cortiletto e a due a due li fece scivolare dentro il caldaione dell'acqua calda. Poi, si mise a tirarli su, a uno per volta, risciacquandoli e strisciandovi sopra l'indice della destra steso, per levarvi bene l'unto...

Quand'ebbe tirato su l'ultimo piatto, lo sguattero esclamò immergendo la mano nella caldaia: – Che brodo! Si taglia col coltello!

– Benone! – disse il cuoco, comparendo sull'uscio della cucina. – Gli è come deve essere per la minestra d'oggi.

Lo sguattero sgranò tanto d'occhi, proprio come feci io lassù sul mio osservatorio.

– Come! La minestra d'oggi?

– Sicuro! – spiegò il cuoco, accostandosi al caldaione. – Questo è il brodo per la minestra di magro alla casalinga del venerdì che piace tanto a tutte queste carogne di ragazzi. Capirai! Qui ci son tutti i sapori...

– Sfido io! Ci ho rigovernato i piatti di due giorni di seguito...

– E, prima che venissi tu, c'erano stati rigovernati i piatti d'altri due giorni... Insomma, in questa caldaia si comincia a rigovernar la domenica e si continua fino al giovedì, sempre nella medesima acqua; e capirai bene che, quando si arriva al venerdì, l'acqua non è più acqua, ma è un brodo da leccarsi i baffi...

– Vo direte bene, – disse lo sguattero sputando, – ma io i baffi non me li voglio leccare un accidente...

– Grullaccio! – ribatté il cuoco. – Ti pare che noi si mangi di questa roba? Il personale di cucina mangia la minestra speciale che si fa per il Direttore e per la Direttrice...

– Ah! – fece lo sguattero, tirando un gran respiro di sollievo.

– Ora, via: portiamo il pentolone sul fuoco, che c'è già il pane bell'e affettato e il soffritto è pronto. E tu impara il mestiere, e mosca! Il personale di cucina, questo te l'ho già spiegato, non deve mai far parola con nessuno al mondo di quel che si fa intorno ai fornelli. Hai capito?

E uno da una parte, uno dall'altra, afferrarono la caldaia e l'alzarono di peso, ma allo sguattero nel chinarsi cadde il berrettaccio unto che aveva in testa. Fermatosi, scoppiò a ridere. Poi, lo ritirò su e strizzandovelo dentro esclamò:

– Ora è anche più saporito di prima!

A questo punto, non ne potei più dallo schifo e dall'ira; e, tolta la scarpa rimastami, la tirai giù con forza nella caldaia, urlando: – Porci! Allora metteteci anche questa!

Il cuoco e lo sguattero si voltarono in su, come due spiritati, e mi par di vedere anche ora quei quattro occhi dilatati, fissi su me in una comica espressione di meraviglia e di sgomento.

Io, intanto, continuavo a lanciar loro tutti i titoli che si meritavano, finché essi, riavutisi finalmente dallo sbalordimento, si precipitarono dentro la cucina.

Pochi minuti dopo, la piccola porta della mia prigione si apriva e vi entrava di profilo – ché altrimenti non ci sarebbe potuta passare – la signora Geltrude esclamando: – Ah disgraziato! Uh, che vedo! A rischio di cader giù e sfracellarsi! In nome di Dio, Stoppani cosa fate lassù?

– Eh! – risposi. – Sto a veder preparare la minestra di magro alla casalinga...

– Ma che dici? Sei impazzito?

In quel momento, entrò un bidello con una scala.

– Appoggiatela lì, e fate scendere quello sciagurato! – impose con aria drammatica la signora Geltrude.

– No, non scendo! – risposi, aggrappandomi alla sbarra di ferro. – Se devo rimanere in prigione voglio starmene quassù perché c'è più aria... e poi si impara come si cucina per i ragazzi in collegio!

– Scendi, via! Non capisci che ero venuta appunto per farti uscire dalla prigione? Purché, s'intende, tu prometta di essere buono e ubbidiente, ché se no, figliuolo mio, è un affar serio!

Guardai la direttrice sorpreso.

"Perché questa improvvisa liberazione?" pensavo fra me. "Eppure non ho rivelato i nomi dei ragazzi che fumavano nello stanzino del petrolio... Dunque? Ah! Ho capito! Ora cercano di pigliarmi con le buone maniere perché non racconti ai miei compagni la scoperta della ricetta per la zuppa di magro alla casalinga”.

In ogni modo, non c’era più ragione di rimanere sulla finestrina e scesi.

Appena ebbi toccato terra, la signora Geltrude ordinò al bidello di riportar via la scala; e poi, presomi per un braccio, mi disse con tono deciso: – Di’ su: che volevi dire della minestra di magro che si fa in collegio?

– Volevo dire che non intendo mangiarla più mai. Guardi! Mi costringo piuttosto a mangiare quella di riso anche il venerdì... a meno che non mi si dia la minestra speciale che fanno per lei e per il signor Direttore...

– Ma che dici? Non ti comprendo... Dimmi tutta la verità... tutta, capisci?

Allora, le raccontai semplicemente tutto quello che avevo visto e sentito dalla finestrina della mia prigione; e, con mia grande sorpresa, la signora Geltrude, molto impressionata dal mio racconto, esclamò: – La cosa che dici, ragazzo mio, è molto seria... Bada bene! Si tratta di far perdere il pane a due persone: al cuoco e allo sguattero... Pensaci: hai detto proprio la verità?

– L’ho detta.

– Allora vieni a far rapporto dal signor Direttore!

Difatti, mi condusse nella Direzione dove, dietro a una scrivania piena di libri, stava il signor Stanislao.

– Lo Stoppani – gli disse la signora Geltrude – ha un rapporto molto grave da fare contro il personale di cucina. Via, racconta!

E io raccontai da capo la scena alla quale avevo assistito.

Passavo di sorpresa in sorpresa. Anche il Direttore mi parve indignato. Chiamò il bidello e ordinò: – Fate venir qui il cuoco e lo sguattero. *March!*

Poco dopo, eccoli tutti e due; e io daccapo a ripetere il racconto per la terza volta... Ma la mia meraviglia giunse al colmo quando, invece di rimanere confusi, com'io mi aspettavo, sotto il peso delle mie rivelazioni, essi scoppiarono in una grande risata, e il cuoco, presa la parola, disse rivolgendosi al signor Stanislao: – La mi scusi, signor Direttore, ma le par possibile che si faccia tutto questo? Deve sapere che io ho l'abitudine di scherzare sempre, e ora specialmente che ho per le mani questo sguattero, che è nuovo del mestiere, mi diverto un mondo a dargliene a intendere delle cotte e delle crude... Quello che ha riferito il signorino è sacrosantamente vero: soltanto, come le ho detto, si trattava di parole dette per scherzo...

– Va bene – disse il Direttore. – Ma il mio dovere mi impone di procedere immediatamente a un'ispezione in cucina. Precedetemi... *March!* E voi, Stoppani, attendetemi qui...

E uscì impettito, con passo militare.

Quando ritornò poco dopo, mi disse sorridendo: – Hai fatto bene a riferirmi quel che avevi visto... Ma fortunatamente la cosa sta come aveva raccontato il nostro cuoco... e puoi mangiar tranquillo la tua brava scodella di minestra alla casalinga. Cerca di esser buono... Va'!

E mi dette un colpetto su una guancia.

Me ne andai tutto contento e persuaso dai miei compagni, che giusto in quel momento uscivano di classe.

Poco dopo andammo tutti a pranzo, e il Barozzo che, come dissi già, è di posto accanto a me, mi strinse forte la mano sotto la tovaglia e mi disse sottovoce: – Bravo Stoppani! Sei stato forte... Grazie!

Quando venne in tavola la minestra di magro alla casalinga, il mio primo moto fu di repulsione. Ma le parole del cuoco mi avevano convinto... E poi, avevo molta fame... E poi, appena assaggiata, dovetti riconoscere che quella minestra era proprio buona e mi pareva impossibile che una cosa tanto prelibata potesse esser preparata in un modo così ripugnante.

Avrei voluto raccontare al Barozzo la scena che si era svolta nel cortiletto della cucina e poi nell'ufficio di Direzione... Ma la signora Geltrude, che quando si mangia gira sempre intorno alla tavola, non mi levava gli occhi di dosso, e mi accorsi che mi vigilava in modo speciale, proprio per vedere se mangiavo la minestra e se raccontavo l'avventura della mattinata ai miei compagni di tavola.

Anche dopo, durante l'ora di ricreazione, la signora Geltrude continuò la sua sorveglianza speciale; la quale non impedì che il Pezzi, il Del Ponte e il Michelozzi mi facessero una gran festa invitandomi nella loro società segreta che si chiama: *Tutti per uno e uno per tutti*.

La sorveglianza speciale è durata fino a ieri sera, ma a cena mi parve che il mio contegno avesse finalmente persuaso la Direttrice che mi ero dimenticato di quel che avevo visto la mattina.

Così potei narrare tutto per filo e per segno al Barozzo, che prese la cosa molto sul serio, e, dopo aver pensato un po', disse: – Vorrei sbagliare... Ma per me l'interrogatorio del cuoco e dello sguattero è tutta una commedia.

– Come!?

– Sicuro! Riflettiamo sulla faccenda dal momento in cui il cuoco, accortosi che avevi assistito alla preparazione della minestra di magro alla casalinga, è corso ad avvertire il direttore o la direttrice. Qual era il consiglio che dovevano seguire nel loro interesse? Quello di rabbonirti e di cancellare dalla tua mente quanto avevi visto. Hanno, dunque, detto al cuoco e allo sguattero: «Quando sarete chiamati dite che è stato uno scherzo!» Ed ecco che la Direttrice viene ad aprirti la prigione, finge di scandalizzarsi al tuo racconto e ti conduce dal Direttore che finge di fare un tremendo processo al cuoco e allo sguattero, i quali fingono di aver scherzato... e

tu, persuaso di tutto questo, mangi, gusti, come al solito, la tua brava minestra di magro alla casalinga e... tutto sarebbe andato bene per loro, se tu non avessi raccontato la cosa al tuo amico Barozzo, che ha più esperienza di te e che riferirà la cosa alla società...

Per questa faccenda, durante la ricreazione, faremo un'adunanza e decideremo. Non mi par vero che arrivi quell'ora!

Ma è già suonata la sveglia e bisogna che mi affretti a nasconderti, giornalino mio!

L'adunanza della Società segreta *Tutti per uno e uno per tutti* è andata benissimo.

Prima di tutto, c'è stato un voto di elogio per me, perché quel giorno in cui i soci si erano riuniti a fumare nello stanzino del petrolio piuttosto che far la spia mi ero fatto punire con la prigione. Poi, un altro voto di approvazione per aver scoperto l'affare della minestra di magro... Insomma, sono stato trattato come un eroe, e tutti mi hanno dimostrato una grande ammirazione. Dopo aver discusso ben bene, ci siamo trovati d'accordo su questo punto: che per accertarsi se la minestra del venerdì è fatta con la rigovernatura dei piatti serviti ai pasti degli altri giorni, bisogna, incominciando da domani, dopo mangiato, mettere nel piatto qualche cosa che dia un colore all'acqua dove i piatti saranno rigovernati...

– Ci vorrebbe dell'anilina! – ha detto il Del Ponte.

– Ci penso io a procurarla! – ha aggiunto Carlo Pezzi – Ne ho vista nel gabinetto di chimica.

– Benissimo. Domani, allora, inizieremo la prova.

E ci siamo separati, dandoci la mano; quello che la stendeva diceva: – *Tutti per uno!*

E l'altro, stringendo la mano, rispondeva: – *Uno per tutti!*

2 febbraio

Si incomincia la prova.

Prima di mezzogiorno, Carlo Pezzi aveva già distribuito a ciascuno di noi un involtino con dei granellini minutissimi, come quelli della sabbia.

Per l'appunto, oggi, essendo domenica, abbiamo avuto una pietanza in più, e cioè il pesce con la maionese, e così noi altri soci della Società segreta abbiamo messo un granellino nel piatto usato per il pesce, e un altro in quello dei muscoletti in umido (anche questa dei muscoletti in umido è una pietanza che torna spesso in tavola, come la minestra di riso) e, così, abbiamo rimandato in cucina due granellini d'anilina a testa, cioè dieci in tutto.

Stasera a cena, poi, essendoci lo stracotto, abbiamo messo nei piatti sudici un altro granellino, sicché nella giornata sono stati quindici granellini ad andare in cucina nel famoso caldaione.

– Capirai, – mi ha detto il Barozzo – anche se da qui a giovedì ne mettiamo un altro solo al giorno (perché bisogna mettere il granellino soltanto nei piatti dove si è mangiato una pietanza in umido) sono altri venticinque granellini e, cioè, quaranta in tutto, tanti quanti bastano per colorare di rosso il brodo della minestra di venerdì... ammesso che l'inchiesta del signor Stanislao sia stata, come continuo a credere, una burletta.

– Sicché avremo la minestra col brodo rosso?

– Eh, no! Molto probabilmente in settimana lo sguattero non si accorgerà affatto del colore che aumenterà gradatamente, giorno per giorno, e se ne accorgerà solo il cuoco, il venerdì mattina, quando preparerà la sua famosa minestra alla casalinga.

– Ma, allora, farà un'altra minestra!

– Sicuro: e, dovendo rimediare alla svelta, farà una minestra di riso... Ebbene, se venerdì non ci sarà la tradizionale minestra alla casalinga, vorrà dire... che questa era proprio fatta col brodo della rigovernatura e allora noi insorgeremo.

Che ingegno ha il Barozzo! Prevede tutto e sa rispondere a tutto, sempre...

Ora, giornalino mio, ti rimetto a posto e... E poi, lo sai cosa faccio? Ho qui uno scalpello che ho preso oggi nell'ora di ricreazione giù nel cortile, mentre il muratore, che viene da qualche giorno a far dei lavori, era uscito... Con questo scalpello voglio incominciare piano piano a fare un buco nella parete in fondo all'armadietto per vedere da dove vengono le voci che sentii l'altra sera.

I miei compagni dormono: ora spengo il lume e mi ficco dentro l'armadietto a lavorare...

3 febbraio

Oggi, dopo pranzo, durante una riunione della nostra Società segreta abbiamo, tra le altre cose, parlato anche di questa stomachevole minestra di riso, che siamo costretti a mangiare di continuo. Ci siamo tutti trovati d'accordo nel pensare che sarebbe davvero ora di finirla.

Mario Michelozzi ha detto: – Ho un'idea. Se riesco a procurarmi i mezzi per metterla in esecuzione, ve la comunicherò, e domanderò l'aiuto del nostro bravo Stoppani.

4 febbraio

Grande novità!

Stanotte, dopo un lungo e paziente lavoro, dovendo fare in modo di non far rumore per non svegliare i compagni del dormitorio, sono riuscito a fare un buco nella parete in fondo all'armadietto, che è nel vano del muro a capo del mio lettino.

Subito è apparso un chiarore, una luce opaca che veniva dall'altra parte, ma riparata da qualche cosa che era frapposta al di là della parete.

Spingendo lo scalpello fuori dal buco sentii che l'ostacolo era cedevole e, dopo averci riflettuto sopra un pezzo, mi convinsi che doveva essere un quadro, attaccato nella parete che avevo forata.

Ma, se la tela mi vietava la vista, non mi impediva l'udito; e sentivo, sebbene non riuscendo ad afferrar le parole, la voce del signor Stanislao e della signora Geltrude che parlavano tra loro.

Mi giunse solo distintamente questa frase pronunziata con vivacità dalla Direttrice: – Tu sarai sempre un imbecille! Queste carognette mangiano anche troppo bene! Intanto ho fatto un contratto col fattore del marchese Rabbi per trenta quintali di patate...

Con chi parlava la signora Geltrude? L'altra voce che sentivo era certamente quella di suo marito; ma è impossibile che il signor Stanislao, con quella sua aria rigida da vecchio militare, permettesse alla signora Geltrude di trattarlo a quel modo...

L'argomento delle patate mi ha fatto pensare che vi fosse presente anche il cuoco e che la frase della Direttrice si riferisse a lui.

5 febbraio

Stamani, mentre attraversavo il corridoio che conduce all'aula di disegno, Mario Michelozzi mi si è avvicinato mormorando: – *Uno per tutti!*

– *Tutti per uno!* – ho risposto.

– Vai nello stanzino del petrolio che è aperto. Dietro la porta troverai un bottiglione pieno di petrolio coperto con un asciugamano: prendilo, portalo nel tuo dormitorio e nascondilo sotto il letto. Maurizio Del Ponte fa la guardia: se senti gridare: – *Calpurnio!* – lascia andare il bottiglione e scappa.

Io ho eseguito l'ordine e tutto è andato benissimo.

6 febbraio

È vicina la sveglia, giornalino mio, e ho molti fatti da registrare. Prima di tutto una lieta notizia: i convittori del collegio Pierpaoli non mangeranno più minestra di riso per un pezzo!

Ieri sera, quando tutti dormivano, io che stavo sull'attenti sentii nella porta del dormitorio un lieve sgretolio a più riprese, come quello di un tarlo. Era il segnale convenuto: il Michelozzi raschiava la porta con l'unghia per avvertirmi di portar fuori il bottiglione pieno di petrolio, ciò che io feci in un batter d'occhio.

Lui lo prese e, porgendomi la mano, mi sussurrò in un orecchio: – Vieni dietro a me rasentando il muro...

Che batticuore nell'avventurarsi così, nel buio dei corridoi, fermandosi in ascolto a ogni più lieve rumore, trattenendo il respiro!

A un certo punto, sboccando da un corridoio stretto stretto, la scena fu rischiarata da una finestra con le imposte aperte, e ci fermammo dinanzi a una porticina nascosta nel muro.

– Il magazzino! – mormorò il Michelozzi. – Prendi questa chiave... È quella del gabinetto di fisica e apre benissimo anche questa porta... Fa' piano...

Presi la chiave, la introdussi pian piano e la girai nella serratura adagino adagino... La porticina si aprì ed entrammo.

Il magazzino era fiocamente illuminato dal chiarore che veniva da un finestrino aperto sulla parete di fronte alla porta, in alto; e, a quella luce incerta, vedemmo da un lato una fila di sacchi aperti, con della roba bianca...

Vi misi le mani: era il riso, quell'odiato riso che nel collegio Pierpaoli ci era servito a tutti i pasti, tutti i giorni, meno il venerdì e la domenica...

– Aiutami! – mormorò il Michelozzi.

Lo aiutai ad alzare il bottiglione, e giù! Innaffiammo ben bene i sacchi col petrolio.

– Ecco fatto! – aggiunse il mio compagno, posando il bottiglione a terra e incamminandosi verso l'uscita. – E ora questa bella provvista di riso possono farsela fritta.

Io non risposi. Avevo adocchiato un sacco di fichi secchi e me ne ero riempite già le tasche e la bocca.

Dopo aver richiusa la porticina tornammo cautamente per la strada già fatta e ci separammo dinanzi al mio dormitorio.

– Tutto è andato bene! – disse a bassa voce il Michelozzi – e abbiamo reso un grande servigio a tutti i nostri compagni. Ora vado a riportare la chiave del gabinetto di fisica al suo posto e poi a letto... *Uno per tutti!*

– *Tutti per uno!* – e ci stringemmo la mano.

Evviva, evviva!

Oggi a pranzo si è finalmente cambiata minestra! Abbiamo avuto una eccellente pappa col pomodoro, alla quale le ventisei bocche dei convittori del collegio Pierpaoli han rivolto con ventisei sorrisi il più caldo e unanime saluto...

Noi della Società segreta ci si guardava ogni tanto con un sorriso diverso da tutti gli altri, perché sapevamo il motivo di questo improvviso cambiamento.

Chissà che tragedia era successa in cucina!

La signora Geltrude girava attorno alla tavola con gli occhi iniettati di sangue che pareva una belva, volgendo uno sguardo sospettoso qua e là.

Per me e per Mario Michelozzi è stata una grande soddisfazione quella di aver fatto cambiar regime ai nostri pasti, e ripensando alla nostra audace spedizione di stanotte, ai pericoli affrontati con tanto sangue freddo, mi par d'essere uno degli eroi di quelle imprese gloriose che si trovano in tutte le storie di tutti i popoli.

7 febbraio

Ieri sera, appena i miei piccoli compagni si furono addormentati, saltai su nel mio armadietto richiudendo lo sportello e appiccicai gli occhi al buchino fatto ieri notte nella tela, in cui è dipinto il compianto professor Pierpaolo Pierpaoli, che ebbe l'infelicissima idea di fondare questo odioso collegio.

Da principio, tutto era buio: ma, poco dopo, la scena si rischiarò. A un tratto, vidi comparire giù, dalla porta a sinistra, la signora Geltrude con un candelabro con le candele accese, seguita dal signor Stanislao, che diceva in tono implorante:

– Ma, cara Geltrude, è certo che quest'affare del petrolio nelle balle di riso è inspiegabile...

La Direttrice non rispose e continuò lentamente a camminare verso la porta di destra.

– Possibile che si annidi tra i collegiali un tipo così audace da compiere un fatto simile? Comunque, farò di tutto per scoprirlo...

A questo punto, la signora Geltrude si fermò, si voltò verso il marito e con voce stridula gli disse: – Voi non scoprirete niente. Perché voi siete un imbecille! – Ed entrò nella camera, lasciando la sala del defunto Pierpaoli nella più completa oscurità.

La scena a cui avevo assistito era stata brevissima, ma abbastanza interessante.

Se non altro mi aveva dimostrato che l'altra notte, parlando delle patate, la Direttrice non si era rivolta al cuoco, come mi aveva fatto supporre la grande libertà di linguaggio adoperato, ma aveva parlato col Direttore...

La signora Geltrude quando diceva: *imbecille!* si rivolgeva proprio a suo marito in persona!

Oggi è una grande giornata; è venerdì, e noi della Società segreta aspettiamo con ansia l'esito del nostro stratagemma per scoprire se la minestra di magro è fatta o no con la rigovernatura dei piatti...

8 febbraio

Dunque, a mezzogiorno in punto, tutti i ventisei convittori del collegio erano, come al solito, seduti intorno alla tavola del refettorio in attesa del pranzo... E qui mi ci vorrebbe la penna del Salgari oppure di Alessandro Manzoni per descrivere l'ansia di tutti i compagni della nostra Società segreta, mentre si aspettava che portassero la minestra.

A un tratto, eccola! I nostri colli si allungano, i nostri occhi seguono con grande curiosità le zuppiere... e, appena la minestra comincia a riempire le scodelle, tutte le bocche si arrotondano in un lungo *Ooooh!* di meraviglia e un mormorio generale si leva: – L'è rossa!

La signora Geltrude, che gira qua e là dietro le nostre sedie, si ferma ed esclama sorridendo: – Si capisce! Ci sono le barbabietole rosse, non vedete?

E la minestra di magro, infatti, questa volta, è piena di piccole fette rosse, testimoni muti e terribili, per la nostra Società segreta, della ingegnosa perfidia del cuoco...

– E ora che si fa? – dico piano al Barozzo.

– Ora si fa così! – mormora lui con gli occhi sfavillanti di sdegno. E, alzatosi in piedi, girando lo sguardo intorno, esclama: – Ragazzi! nessuno mangi questa minestra rossa... Essa è avvelenata!

A queste parole, i collegiali lasciano cadere il cucchiaio sulla tavola e fissano gli occhi in faccia a Barozzo con il massimo stupore.

La Direttrice, il cui volto è diventato anche più rosso della minestra, accorre e, afferrato il Barozzo per un braccio, gli grida con voce stridula: – Che dici?

– Dico – ripiglia lui – che non sono le barbe che tingono di rosso la minestra, ma è l'anilina che ci ho messo io!

L'affermazione fatta con tanta precisione e tanta fermezza dal coraggioso presidente della Società *Uno per tutti e tutti per uno* sconvolge addirittura la signora Geltrude, che resta lì per qualche minuto confusa, senza poter nulla rispondere; ma, infine, la sua terribile ira esplode in questa frase piena di minacce: – Tu!... Tu!... Tu!... Ma sei pazzo?...

– No, non sono pazzo – ribatte il Barozzo. – E ripeto che questa minestra è rossa a causa dell'anilina che vi ho messo io, mentre avrebbe avuto tutte le ragioni di diventar rossa di vergogna per il modo con cui è fatta!

Questa bella frase, detta con quel tono così sicuro, ha finito per sconvolgere la povera Direttrice che non sapeva far altro che ripetere: – Tu! Tu! Proprio tu!...

E, infine, scostando la sua sedia, ha concluso in un sibilo:

– Va' giù in Direzione! Bisogna che tutto sia spiegato!

E ha fatto un cenno al bidello che lo accompagnasse.

Questa scena si è svolta così in fretta che i convittori, anche dopo l'uscita del Barozzo dal Refettorio, rimanevano lì, rincitrulliti, sempre con gli occhi fissi sulla sedia rimasta vuota.

Intanto la Direttrice aveva dato ordine di portar via la minestra rossa e di portare in tavola l'altra pietanza – che era baccalà lesso – sul quale i collegiali si scagliarono così affamati che esso oppose invano ai loro denti la più dura e stopposa resistenza.

Ieri sera, appena i miei piccoli compagni di dormitorio si furono addormentati, mi ficcai dentro il mio armadietto, senza neppur pensare a scrivere in queste pagine i fatti della giornata, per quanto fossero di grande importanza. Era, per il momento, assai più importante vedere quel che accadeva nella sala del defunto professor Pierpaolo Pierpaoli e cercare di scoprire le mosse del nemico.

E davvero la mia attesa non fu delusa.

Appena dentro il mio osservatorio, sentii la voce della signora Geltrude che diceva: – Sei un perfetto imbecille!

Capii subito che parlava con il marito; e, difatti, accostato l'occhio al forellino fatto nel ritratto del compianto fondatore di questo collegio, ho visto giù nella sala i due coniugi, l'uno di fronte all'altra, la Direttrice con le mani sui fianchi, col naso addirittura paonazzo e gli occhi sfavillanti, e il Direttore dritto, rigido, in tutta la sua lunghezza, nell'attitudine di un generale che si prepari a sostenere un assalto.

– Sei un perfetto imbecille! – ripeteva la signora Geltrude. – E si deve a te, naturalmente, se abbiamo tra i piedi quel ragazzaccio, il Barozzo, che finirà col rovinare l'istituto raccontando in giro l'affare della minestra...

– Calmati, Geltrude, – rispondeva il signor Stanislao – e cerca di considerare seriamente la cosa. Prima di tutto il Barozzo non approfitterà della scoperta fatta con l'anilina. Me l'ha promesso.

– E tu, imbecille, ti fidi dei suoi giuramenti?

– Certo. Il Barozzo in fondo è un ragazzo serio. Sono sicuro che da parte sua non avremo nulla da temere...

– Non capisci nulla. E lo Stoppani? Lo Stoppani che è la causa prima dello scandalo? Lo Stoppani che è proprio quello che ha messo il collegio sottosopra per la minestra di magro?

– Lo Stoppani è meglio lasciarlo stare. Per lui è un altro paio di maniche; è addirittura un bambino e le sue chiacchiere non possono nuocere alla buona fama dell'istituto...

– Come! Non lo vuoi neppur punire?

– Ma no, cara. Il punirlo lo irriterebbe maggiormente. E poi, chi ha messo l'anilina nei piatti è il Barozzo: mi ha confessato di essere stato lui, lui solo...

A questo punto, la signora Geltrude ebbe un tale accesso di bile che credetti le pigliasse lì per lì un accidente.

Alzò le braccia al cielo e si mise a declamare: – Ah, numi! Ah, eterni dei! E tu fai il Direttore di un collegio? Tu, così cretino da credere a quel che ti dice un ragazzaccio come il Barozzo, pretendi di stare a capo di questo istituto? Ma tu sei da rinchiudere in un manicomio! Tu sei un idiota come non ve ne sono mai stati nel mondo!

Il direttore, sotto questa valanga di ingiurie, reagì e, abbassata la testa al livello della sua violenta consorte, la guardò negli occhi esclamando: – Ora poi basta!

E, a questo punto, io vidi, giornalino mio, la cosa più straordinaria, più lontana da ogni previsione e insieme più comica che si possa immaginare.

La signora Geltrude, allungando la destra sul capo del si-

gnor Stanislao, gli afferrò i capelli esclamando: – Ah! che vorresti fare?

E, mentre ringhiava queste parole, vidi con profondo stupore che la chioma corvina del Direttore era rimasta nelle grinfie della Direttrice. Agitava la parrucca in aria, ripetendo furiosa: – Ah! Vorresti anche minacciarmi? Tu? Me?

E, gettata via a un tratto la parrucca, afferrò un battipanni di giunco che era su un tavolino e si mise a inseguire il signor Stanislao che, avvilito, con la testa nuda, cercava goffamente di sfuggire alle minacce della moglie, girando attorno alla tavola...

La scena era così ridicola che, per quanti sforzi facessi, non potei trattenere del tutto le risate e mi uscì dalla bocca un mugolio acuto.

Questo mugolio fu la salvezza del signor Stanislao. I due coniugi si voltarono in su, stupiti, verso il ritratto; e la signora Geltrude, passando dall'irritazione a una vaga paura mormorò: – Ah! La buonanima dello zio Pierpaolo!

E io prudentemente mi ritirai lasciando i due, rappacificati per la paura, che provavano, a fantasticare sul mugolio del compianto fondatore di questo malaugurato collegio.

9 febbraio

Altra strepitosa notizia!

Ieri sera dal mio osservatorio ho scoperto che il Direttore, la Direttrice e il cuoco fanno delle sedute spiritiche.

Sicuro! Quando ho messo l'occhio al solito forellino erano già riuniti tutti e tre attorno a un tavolino tondo e il cuoco diceva: – Eccolo! Ora viene!

E chi doveva venire era proprio lo spirito del compianto Pierpaolo Pierpaoli.

Non mi ci volle molto tempo, né molto ingegno, per comprendere la causa e lo scopo di quella seduta spiritistica.

Evidentemente, il signor Stanislao e la signora Geltrude erano rimasti molto impressionati dal mugolio che avevano sentito la sera prima discendere dal ritratto del loro predecessore, e ora, spinti un po' dal rimorso per la scenata fatta in presenza della rispettabile effigie del compianto fondatore dell'istituto e forse anche da un vago timore che incutevano nel loro animo i recenti avvenimenti, evocavano lo spirito dell'illustre defunto per domandargli perdono, consiglio e aiuto.

– Ora viene! Eccolo! – ripeteva il cuoco.

A un tratto, la signora Geltrude esclamò: – Eccolo davvero!

Infatti, il tavolino s'era mosso.

– Parlo con lo spirito del professor Pierpaoli? – domandò il cuoco, fissando sul piano del tavolino due occhi spalancati che luccicavano come dei lumini.

Si udirono alcuni colpi battuti sul tavolino e il cuoco esclamò convinto: – È proprio lui.

– Domandagli se era lui anche ieri sera – mormorò la signora Geltrude.

– Fosti qui anche ieri sera? Rispondi! – disse il cuoco in tono di comando.

E il tavolino prese a ballare e a picchiare, mentre i tre si alzavano dalla sedia e si dondolavano qua e là e si rimettevano a sedere, seguendone i movimenti.

– Sì, – disse il cuoco – era lui anche ieri sera.

Il signor Stanislao e la signora Geltrude si scambiarono un'occhiata come per dire: "Eh! Ci abbiamo fatto una bella figura!".

Poi, il signor Stanislao disse al cuoco: – Domandagli se posso rivolgergli la parola...

Ma la signora Geltrude lo interruppe brusca, fulminandolo con un'occhiata: – Niente affatto! Se qualcuno ha il diritto di

parlare con lo spirito del professor Pierpaolo Pierpaoli sono io, io sua nipote, e non voi. Neppure vi conosceva! Avete capito?

E rivolta al cuoco aggiunse: – Domandagli se vuol parlare con me!

Il cuoco si concentrò e poi, sempre fissando il piano del tavolino, ripeté la domanda.

Poco dopo, il tavolino ricominciò a ballare e a scricchiolare.

– Ha detto di no – rispose il cuoco.

La signora Geltrude rimase male, mentre il signor Stanislao, non sapendo padroneggiarsi, diede libero sfogo alla gioia che provava per la meritata sconfitta della prepotente consorte, esclamando con allegria infantile degna più di me che di lui: – Hai visto?

E non l'avesse mai detto!

La signora Geltrude, inviperita, scagliò contro il povero Direttore l'ingiuria abituale: – Siete un perfetto imbecille!

– Ma Geltrude! – rispose lui imbarazzato con un fil di voce. – Ti prego di moderarti... almeno davanti al cuoco... almeno in presenza dello spirito del compianto professor Pierpaolo Pierpaoli!

La timida protesta del pover uomo mi commosse e volli vendicarlo contro la violenza di sua moglie. Perciò con voce rauca e in tono di rimprovero, esclamai: – Ah...

I tre si voltarono di botto verso il ritratto, pallidi, tremanti di paura.

Vi fu una lunga pausa.

Il primo a ritornare padrone di sé fu il cuoco, il quale, fissando verso di me i suoi occhi di fuoco, esclamò: – Sei tu ancora lo spirito di Pierpaolo Pierpaoli? Rispondi!

Io feci un sibilo: – Sssssss...

Il cuoco continuò: – Ti è concesso di parlare direttamente con noi?

Mi venne un'idea. Contraffacendo la voce come prima, risposi: – Mercoledì a mezzanotte!

I tre tacquero commossi dal solenne appuntamento. Poi il cuoco disse a bassa voce: – Si vede che stasera e domani gli è vietato parlare... A domani l'altro!

Si alzarono, misero il tavolino da una parte, rivolsero uno sguardo supplichevole verso di me e, poi, il cuoco uscì ripetendo con voce grave: – A domani l'altro.

Il signor Stanislao e la signora Geltrude restarono un po' in mezzo alla stanza, impacciati. Poi, il Direttore dolcemente disse alla moglie: – Geltrude... Geltrude... Cercherai di moderarti? Sì, è vero? Non mi dirai più quella brutta parola?

Lei, combattuta tra la paura e il suo carattere arcigno, rispose a denti stretti: – Non ve lo dirò più... per rispettare il desiderio di quell'anima santa di mio zio... Ma anche senza dirvelo, credete a me, rimarrete sempre quel perfetto imbecille che siete!

A questo punto lasciai il mio osservatorio perché non ne potevo più dal ridere.

Passo passo nella storia

Gian Burrasca, quando viene mandato nel collegio Pierpaoli, conosce una ridicola, ma prepotente coppia di proprietari-direttori: il signor Stanislao e sua moglie, la signora Gertrude.
Descrivi il loro aspetto e il loro carattere.

- Il signor direttore Stanislao

....
....
....
....
....
....
....
....
....

- La signora direttrice Gertrude

....
....
....
....
....
....
....
....
....

- In collegio Gian Burrasca con chi fa amicizia? Che cosa scopre, stando appollaiato alla finestra e osservando il cuoco in cucina?

....

....

....

....

....

....

....

....

....

....

....

....

....

....

....

- Anche in collegio Gian Burrasca ne combina delle belle. Racconta brevemente qualche episodio, di cui è stato protagonista.

....

....

....

....

....

....

- Che cosa ti comunicano le situazioni descritte da Gian Burrasca nel suo diario?

- Quale consiglio gli daresti per convincerlo a non cacciarsi nei guai?

A te la penna

- **Immagina di essere Giannino e di scrivere una pagina di diario nella quale racconti una birichinata fatta in collegio.**

Caro giornalino,

....
....
....
....
....
....
....
....
....
....
....
....
....
....
....
....
....
....
....
....
....
....

I compagni di collegio

- **Immagina di essere Giannino e racconta in una pagina di diario un nuovo episodio di cui sono stati protagonisti alcuni suoi compagni di collegio.**

I Classici

- I promessi sposi
- Le avventure di Tom Sawyer
- Il fantasma di Canterville
- David Copperfield
- Dal giornalino di Gian Burrasca...
- A spasso tra i miti
- Eneide - Le mille avventure di Enea
- Odissea - Le mille avventure di Ulisse